THÈSE

POUR LE DOCTORAT

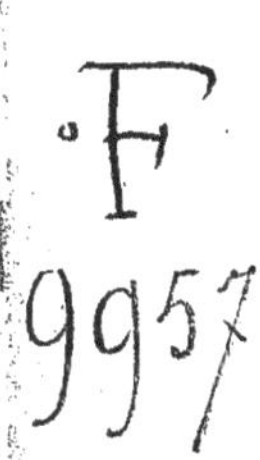

DU CANTON

CONSIDÉRÉ COMME

ORGANE DE DÉCENTRALISATION

AVEC UNE

INTRODUCTION HISTORIQUE SUR LA CENTRALISATION

THÈSE POUR LE DOCTORAT

L'ACTE PUBLIC SUR LES MATIÈRES CI-APRÈS

Sera soutenu le 28 octobre 1897, à 10 heures

PAR

Robert LEULLIER

Président : M. LARNAUDE, *professeur.*

Suffragants : { MM. CHAVEGRIN, WEISS. } *professeurs.*

PARIS

LIBRAIRIE NOUVELLE DE DROIT ET DE JURISPRUDENCE

ARTHUR ROUSSEAU

ÉDITEUR

14, RUE SOUFFLOT ET RUE TOULLIER, 13

1897

DU CANTON

CONSIDÉRÉ COMME

ORGANE DE DÉCENTRALISATION

AVEC UNE

INTRODUCTION HISTORIQUE SUR LA CENTRALISATION

INTRODUCTION

« La centralisation qui a créé la France est en train de la détruire », telle est la pensée qu'exprimait il y a quelque cinquante ans, M. de Tocqueville. De jour en jour l'opinion de l'auteur de la *Démocratie en Amérique* gagne du terrain et finit par prévaloir. Au département comme dans la commune, dans les villes comme à la campagne, les plaintes contre les excès de la centralisation sont générales. On ne peut, dit-on, planter un arbre, déplacer un pavé sans avoir recours à l'autorité centrale, sans avoir à traverser mille formalités. Les partisans de la décentralisation considèrent le pouvoir central et Paris, qui en est le siège, comme cette trop grosse tête, qui aurait besoin d'une forte saignée suivant l'expression de Henri III. Ils déplorent, avec M. Batbie, « cette absorption intellectuelle et morale qui amaigrit les extrémités et sur un corps languissant pose une capitale exubérante, au risque, toujours imminent, d'exposer le pays à ces attaques apoplectiques qu'on appelle révolutions ». C'est ce que l'abbé de Lamennais avait déjà dit en 1848. « Votre centralisation c'est l'apoplexie au centre et la paralysie dans les extrémités... »

Sont-ils dans le vrai ? ou devons-nous, suivant l'auteur de la *Cité Moderne*, M. Izoulet, considérant la société elle-même comme un véritable organisme animal, admettre, ce qui en serait la conséquence, que l'idéal social serait la centralisation absolue. C'est, sans doute, entre ces opinions extrêmes que se trouve la vraie solution du problème.

Il n'est pas possible, en effet, de regarder comme utile ou même désirable une décentralisation complète; ce n'est que l'excès de centralisation que l'on peut vouloir faire disparaître ou au moins atténuer. Nous avons pensé, après de sages esprits, que l'on pourrait essayer de faire un premier pas dans cette voie en donnant au canton qui n'est rien ou presque rien, une organisation plus complète, en lui conférant une certaine autonomie.

Avant d'exposer les bases et le mécanisme de cette organisation, il n'est peut-être pas inutile de donner un aperçu rapide de la formation de cette centralisation excessive dont nous souffrons, en l'étudiant dès ses premiers débuts. Brisé à la chute de l'empire romain, le système centralisateur verra sa renaissance préparée par les légistes qui donnent à la royauté le pouvoir réel qui lui avait manqué jusque-là, mais la centralisation administrative ne se trouvera complètement établie qu'avec la royauté absolue qui a besoin d'elle et trouvera dans les intendants ses « instruments de règne » les plus puissants. Ce ne sera qu'à la veille de la chute de l'ancien régime et en prenant conscience des résultats fâcheux produits par l'excès de cette centralisation même que de faibles essais en sens contraire seront tentés. Ces essais se répèteront avec des fortunes diverses sous la Révolution ; mais la Convention, puis l'Empire ne feront que donner au système centralisateur une forme plus régulière et plus savante et partant une force plus grande encore que dans le passé.

De nos jours, c'est contre cette centralisation excessive que tous, ou presque tous, veulent réagir, comme Martignac avait déjà essayé de le faire à la fin du règne de Charles X.

Son exemple suivi par des esprits modérés tels que Vivien, Chevillard, Odilon Barrot, par des radicaux, comme Béchard et Raudot, inspirera à partir de l'établissement de la République les projets de loi dont les plus connus sont ceux de Hovelacque, Antonin Dubost et Goblet. La dernière tentative a été le projet Maurice

Faure qui ne fait guère que reprendre les arguments si serrés et si brillamment exposés par le ministre de l'Intérieur en 1882. A l'heure actuelle une commission composée des esprits les plus éclairés, sans distinction d'opinion ni de nuances politiques, s'efforce de trouver à ce grave problème une solution pratique.

PREMIÈRE PARTIE

LA CENTRALISATION. — QUELQUES MOTS SUR SON HISTOIRE

CHAPITRE PREMIER

LA CENTRALISATION A LA CHUTE DE L'EMPIRE ROMAIN.

L'Empire Romain présentait, surtout dans les deux derniers siècles de son existence, l'idéal du système centralisateur avec ses Augustes, ses Césars ayant au-dessous d'eux la savante hiérarchie des fonctionnaires, qui administrent ses préfectures, ses diocèses, ses provinces, ses *civitates* et ses *pagi*. Tous dépendaient étroitement les uns des autres, et, à l'Auguste se rattachait le dernier des administrateurs du *pagus*. Disons de suite que cette centralisation était une nécessité pour un État basé sur la conquête et tenant par le droit seul de la force une foule de nations et de peuples réunis malgré des intérêts contraires, des origines et des croyances différentes.

Tout partait de l'Empereur et tout y revenait, aucune autonomie n'avait été laissée aux provinces ; quand on n'avait pas supprimé les autorités locales qui conservaient la gestion des intérêts locaux, on les avait transformées à leur insu, parfois malgré elles, en représentants de l'Empereur ; leur principale charge était d'alimenter le fisc toujours vide par suite des guerres incessantes, des dépenses d'une Cour de plus en plus fastueuse. Aussi les malheureux décurions, rendus responsables de la rentrée des impôts, commencèrent-ils à regarder leurs fonctions comme une lourde charge. C'était à qui se soustrairait à ce ruineux honneur. La loi intervint et l'Empereur déclara que ni la milice, ni le monachisme, ni la cléricature, ni le nombre des enfants, ni les dignités achetées ne pouvaient être une cause d'exemption. En vain, les décurions renonçaient-ils à leur rang pour se confondre avec les simples plébéiens, en vain cherchaient-ils un abri dans les maisons des grands, dans l'Eglise, dans l'armée, dans les diverses corporations, jusque dans le désert, la législation impériale était là avec toutes ses rigueurs pour les maintenir dans leurs chaînes (1). Ce fut forcément que l'on devint, que l'on resta décurion par suite de la naissance ou de la situation de fortune. Ni la valeur personnelle, ni les aptitudes particulières ne désignaient à ce poste. Il fallait subir ces ingrates fonctions comme un fardeau héréditaire faisant partie des charges du patrimoine recueilli : les magistrats municipaux étaient *subjecti curiæ*.

(1) Lehuéron, *Institutions mérovingiennes*, p. 147.

Et quel compte les gouvernants avaient-ils à tenir des résistances d'un conseil où avaient place l'*infans*, l'illettré et l'individu noté d'infamie (1) ? Déjà les Antonins avaient donné à certaines villes des curateurs afin de remettre l'ordre dans leurs finances dilapidées ; la juridiction municipale fut restreinte pour soustraire la justice aux passions locales, des taxes ne purent être établies, des travaux exécutés qu'avec l'autorisation du légat impérial, et, les nominations faites par la curie, les décisions prises par elle furent cassées quand elles déplurent au gouverneur, *ambitiosa decreta* (2). Bientôt les *curiales* impuissants et déconsidérés ne furent que des instruments, les derniers employés de l'Administration impériale pour tout ce qui concernait la direction des services placés au bas de l'échelle (3). Une centralisation progressive avait eu lieu et du IIIe au Ve siècle l'Empereur resta le centre où aboutissaient tous les rouages de la machine administrative. « Tout était dans la main de César : armée, finances, administration, justice, religion, éducation, opinion, tout jusqu'à la propriété et à la vie du moindre citoyen » (Ed. Laboulaye).

Cette centralisation fut poussée à l'extrême (le Code renferme des prescriptions qui obligent la curie à soumettre la désignation du gardien de la paix irenarcha à

____

(1) Esmein, *Histoire du droit*, p. 10.
(2) Victor Duruy, *Revue des Deux-Mondes*, 15 juin 1884.
(3) Esmein, *Histoire du droit*.

l'approbation, c'est-à-dire au choix du magistrat impérial). M. V. Duruy parlant de l'ingérence du Gouvernement dans les affaires municipales écrit (*Revue des
Deux-Mondes*, 15 mai 1884) : « La tutelle administrative exagérant son rôle changea des cités autrefois flo-
rissantes en des corps sans âme. La vie active et
féconde était jadis éparse sur la surface entière du territoire, une centralisation extrême la concentra dans les
bureaux, *officia*, que remplirent les agents de l'Empereur, armée innombrable dont la principale fonction
fut de faire de l'or pour le prince et qui en fit pour elle-
même par la vénalité. Cette froide main étendue sur
l'Empire glaça les sources de la vie et tout s'immobilisa.
...Les mille cités de l'Empire... sentaient douloureuse-
ment peser sur elles l'omnipotence de l'État sans avoir
malgré cela « cette communauté de sentiments qui
donne un seul cœur à des millions d'hommes inconnus
les uns des autres ». Et l'illustre historien ajoute :
« Malgré les liens tout à la fois fragiles et lourds dont
l'Administration avait enveloppé la société, tout s'en
alla pièce à pièce sous la main des barbares. De la centralisation excessive mourut l'Empire. »

CHAPITRE II

La centralisation avait disparu de la Gaule franque.

Les quatre premiers Capétiens ne furent que des seigneurs féodaux ; leurs successeurs immédiats étaient trop occupés à se défendre contre les Anglo-Normands, à participer plus ou moins ardemment aux croisades, pour songer à organiser leurs États. Philippe-Auguste et après lui saint Louis mettent jusqu'à un certain point la royauté hors de page. L'œuvre est immense, il ne s'agit de rien moins que de ruiner le monde féodal : c'est-à-dire « de substituer au morcellement infini qui avait triomphé au X° siècle les principes d'une administration uniforme, de rattacher à un centre politique les mille États indépendants de la France féodale et de grouper dans la même main, pour une action commune, dans l'intérêt de tous, les forces éparpillées du royaume. Sans doute la féodalité offrait déjà des signes de décadence et des principes de ruine la travaillaient ; mais il fallait toute la perspicacité du génie ou de la haine pour découvrir, au milieu du XIII° siècle, les éléments de sa faiblesse, juger par où elle tomberait, pressentir à quels défauts pouvaient être portés les coups mortels. Ce fut l'œuvre de la royauté et d'une classe nouvelle d'hommes qui allait grandir dans cette lutte et la diriger avec une fanatique patience : les Légistes.

Louis IX ne travailla pas sciemment, tout le monde le reconnaît, à détruire le pouvoir des seigneurs au profit de la royauté, il n'aurait pas voulu porter atteinte à des droits réputés légaux à cette époque. Il ne pensait guère en attaquant les abus de la jurisprudence féodale ou ecclésiastique préparer l'avènement d'un gouvernement à peu près absolu. Le résultat n'en fut pas moins très grand. Saint Louis avait centralisé la justice par la création du Parlement ; ainsi réduite, son œuvre eût été plus qu'imparfaite, elle serait restée sans effet dans tous les cas qui se seraient présentés loin du siège de ce Parlement, il fallait que de ce centre rayonnassent à l'infini des agents secondaires. Pour parer au danger de voir ces agents suivre l'exemple des officiers carolingiens qui s'étaient rendus indépendants et avaient usurpé l'hérédité de leurs charges, on les prit dans d'autres milieux. Les premiers officiers carolingiens étaient de puissants propriétaires ayant par leur fortune, leurs familles, leurs amis de fortes racines dans le pays, on choisira maintenant les agents royaux étrangers à la contrée. On multiplia toutes les précautions pour les préserver de la corruption, pour les retenir dans l'obéissance et prévenir de leur part toute velléité ambitieuse. Par une ordonnance rendue en décembre 1254 il leur était défendu d'accepter un présent

quel qu'il fût « sauf dans leurs tournées quelques rafraîchissements », ils devaient « s'abstenir du jeu et du
libertinage » ; ils ne pouvaient acquérir des terres dans
les pays qu'ils administraient, s'y marier ou y marier
leurs enfants. Enfin on a soin de ne pas les laisser trop
longtemps dans la même province, trois ans au plus.
« C'étaient de simples délégués d'une autorité supérieure ; saint Louis les soumit aux obligations que le droit
public de Rome avait imposées aux gouverneurs de
provinces et aux proconsuls » (1).

Ils étaient, en outre, étroitement surveillés par les
maîtres enquesteurs, dont le rôle sera continué plus tard
par les *commissaires départis* et à la fin de l'ancien régime par les intendants ; les légistes furent pris dans les
rangs du clergé et parmi les gentilshommes ; mais la
bourgeoisie en fournit le plus grand nombre et leur
souffla son esprit. Comme ils avaient eu à souffrir de
l'oppression des seigneurs et de l'Église, leurs préférences furent pour le troisième pouvoir alors existant,
c'est-à-dire, pour la royauté. Ils vont essayer de la fortifier aux dépens de ces deux ennemis ; c'est de leurs
dépouilles qu'ils formeront une royauté absolue et centralisant tous les pouvoirs.— « Ils n'ont souci, dit Rambaud, ni des droits des nobles, ni de ceux de l'Église,
ils n'ont en vue que les droits du souverain tels qu'ils
sont consignés dans les lois de l'Empire Romain. » Si

(1) Dareste de la Chavanne, *Histoire de l'administration en France*,
1848, 2 vol. in-8.

veut le roi, si veut la loi, disent-ils. Ils payèrent souvent de leur vie leur dévouement à la cause royale. Combattus par les nobles, incompris du peuple qui les rendait responsables de tous ses maux, ils furent plus d'une fois abandonnés comme une proie au ressentiment public. Enguerrand de Marigny, pendu à Montfaucon, Pierre de Latilly, chancelier de France, et Raoul de Presle, avocat du roi au Parlement, mis à la torture sous Louis X, Gérard de La Guette, mort à la question en 1322, Pierre Frémy, pendu en 1328 ; tel est le long martyrologe de ces serviteurs de la royauté.

Les Légistes, tout en travaillant pour le pouvoir central, se feront aussi une place à eux et aux leurs, et en même temps que la Royauté s'élèvera le Tiers-État, dont ils sont les premiers représentants, disons-mieux l'avant-garde ; aussi a-t-on pu dire sans trop d'exagération qu'en langage moderne la devise des Légistes serait « centralisation et démocratie » (1). Ils devinrent maîtres du Parlement. En 1289 Philippe le Bel défend « à Philippe et Jean, portiers du Parlement, de laisser entrer nully des prélats en la Chambre sans le consentement des présidents ». Les barons, à leur tour, furent éliminés sans trop de peine. Ils prirent en dégoût ces discussions monotones. Ils devaient, s'ils voulaient suivre les débats, demander de perpétuelles explications aux Légistes, où ceux-ci triomphaient, le baron qui faisait

(1) Bardoux, *Revue générale de droit*, t. 1ᵉʳ, 1877, p. 665.

« piètre mine » prit le parti d'abandonner la place.
De ce jour le Parlement est à la dévotion du roi. Les
Légistes sont ses hommes, ils reçoivent des gages,
nommés pour un an au plus et sont toujours à la
disposition du Gouvernement. Leur influence, malgré
cette apparente humilité, est cependant très grande, « ils
sauvèrent leur indépendance, parce qu'ils ne laissèrent
subsister aucun doute sur le désintéressement de leur
concours à l'œuvre royale, et qu'on les vit dévoués surtout non à la personne de tel ou tel roi, mais à l'idée
même de la royauté ».

Maîtres du Parlement, ils enlevèrent successivement
une grande partie de leurs juridictions aux juges seigneuriaux qui, inhabiles à remplir leurs fonctions, ne se
défendaient que mollement. La lutte devait être plus
longue et plus difficile avec les justices ecclésiastiques.

L'arme la plus redoutable entre les mains des Légistes fut assurément celle des cas royaux sur lesquels
nous devons nous appesantir. Les baillis royaux qui
étaient pris parmi les conseillers laïques et rappelés au
Parlement après leur exercice, avaient établi en principe que toutes les causes qui intéressaient directement
ou indirectement la couronne et qu'ils nommaient cas
royaux ne pouvaient ressortir des justices seigneuriales
et devaient être déférés à la Cour suprême du roi (1).
Puis par une ingénieuse application de l'idée que le roi

(1) Henri Martin, *Histoire de France*, t. IV, l. XXV, p. 303, 4e édition.

était chargé du maintien de la paix, ils prétendaient que c'était à eux, ses délégués, que devait être soumis le jugement de tous les attentats contre les personnes ou même contre la propriété, attentats qui dans le monde féodal se présentaient tous les jours. « Aux seigneurs qui s'émeuvent de la multiplication des cas royaux et qui demandent à Louis X le Hutin de définir au moins exactement ce qu'on entend par ce mot, les Légistes font faire cette réponse peu rassurante : « Cas royal est celui qui appartient à un prince souverain et non à un autre » (Rambaud). Ajoutons que les justices seigneuriales voyaient prononcer contre elles la « défaulte de droit » par les baillis toutes les fois que ceux-ci pouvaient relever la moindre irrégularité dans leurs actes.

Ces conquêtes portèrent leurs fruits et, sous Philippe le Bel, ce n'est plus pour le domaine royal que le roi rédige des *Etablissements*, c'est pour tout le royaume qu'il promulgue des *ordonnances*. Le Parlement a le dernier ressort sur toutes les justices du domaine, royales ou seigneuriales ; si quelque province incorporée, comme la Normandie, la Champagne et le Languedoc, avait gardé sa cour souveraine, cette cour était présidée par des officiers royaux, choisis dans le Parlement (1). La Chambre des Comptes surveille la gestion financière des baillis.

(1) Dareste, *Histoire de l'administration en France*.

A côté des seigneurs la Royauté avait à lutter contre le pouvoir ecclésiastique, moins violent, mais plus habile et plus tenace ; c'est en réalité une lutte de Légistes contre Légistes : Légistes d'Église contre Légistes d'État. Le principal obstacle que rencontraient les légistes du roi était dans la gratuité des décisions rendues par l'Église. Bientôt pressée par de grands besoins d'argent, celle-ci dut renoncer à ce qui contribuait le plus à sa puissance et, pour se faire des revenus, elle exigea les mêmes droits pécuniaires que les juges laïques. Dès lors les empiétements de ces derniers soutenus par le roi continuèrent, s'affirmant de plus en plus, et sous Philippe de Valois, grâce aux appels comme d'abus, qui ne devaient cependant recevoir que plus tard leur forme régulière, la cour du roi eut le pouvoir de réformer les sentences épiscopales en tout état de cause, et d'arrêter les empiétements du spirituel sur le temporel (Dareste).

Il ne faut cependant pas croire que l'œuvre des Légistes continuât méthodique et régulière sa marche en avant ; ce ne fut pas sans reculs qu'ils atteignirent leur but. A l'avènement de Charles VII, par exemple, leur œuvre était presque détruite, le régime féodal avait repris ses forces. Sous Louis le Hutin, les nobles de la Normandie, de la Picardie, de l'Auvergne, etc..., avaient protesté contre tout empiétement des agents royaux sur leurs attributions originaires. Les règnes de Philippe VI et de Jean le Bon « entichés d'une fausse chevalerie et qui semblent des rois plus féodaux que les premiers

Capétiens » (1) avaient été marqués par un grand affaiblissement du pouvoir central. Les bienfaits du règne
de Charles V, qui avait réparé les désastres des premiers
Valois, libérateur du territoire, furent bientôt effacés
grâce à la démence de Charles VI et aux épouvantables
désastres de la guerre de Cent Ans. C'était le triomphe de
cette féodalité princière à laquelle avait donné naissance le déplorable système des apanages.

L'Église, profitant de la faiblesse du pouvoir central,
avait repris son indépendance, et, dédaigneuse de ce sem-
blant de royauté, confondait ses intérêts avec ceux des
princes et reconquérait ses immunités plus ou moins
compromises. Ce retour vers l'ancien état de choses dura
peu. Le terrain repris sur la royauté fut vite reconquis
par les Légistes. A la mort de Charles VII tout rentrait
dans l'ordre, des progrès sont même réalisés. Les Parlements provinciaux institués, l'Église nationale créée
par la pragmatique sanction, les bulles soumises à la
sanction du roi, l'Église faisant partie de l'État, la Cour
des aides à laquelle ressortissent tous les procès civils
et criminels concernant les aides, gabelles et tailles,
constituée par l'édit du 14 juin 1445, ce qui dépouillait
les juges seigneuriaux de toute juridiction en matière
d'impôts. Que de chemin parcouru en un temps relativement court ! Pour empêcher tout recul éventif, pour
fixer irrévocablement leurs conquêtes, l'ordonnance de

____

(1) Rambaud, *L'Histoire de la civilisation*, t. 1er, ch. XIV, p. 262.

Montilz-les-Tours formula l'idée de la nécessité d'une rédaction solennelle des coutumes. On devrait ainsi plus ou moins volontairement faire disparaître *des rédactions* tout ce qui s'éloignait le plus de l'équité et de la raison pour y introduire quelques éléments du droit romain et rendre ainsi moins disparates les deux législations. C'était un pas de plus vers l'unité législative et par conséquent vers la centralisation.

Louis XI fit faire à l'idée d'unité les plus grands progrès. La France était à son avènement délivrée des Anglais, mais livrée aux princes du sang, aux sires des fleurs de lys. « Ces princes étaient des cadets de rois, qui avaient fondé des dynasties au petit pied, gouvernant mal, obéissant mal : l'oppression et le démembrement du pays. Louis XI entreprit de les réduire. On vit le roi parcourir son royaume du Nord au Midi... comme l'unité du pouvoir n'avait pas encore ses instruments, il fallait bien que la Monarchie se servît elle-même et allât aux affaires qui ne savaient pas encore remonter jusqu'au trône. Telle fut la tâche que s'imposa Louis XI » (Dupont White, *La centralisation*).

Avec Louis XI, le moyen âge est fini, alors apparaît la royauté absolue et une administration régulière. L'étude des cahiers des États généraux de 1484 est instructive à ce point de vue. « Ce n'est plus, dit Dareste, la bourgeoisie réclamant des garanties au nom d'un droit méconnu, ce ne sont, à quelques velléités près d'indépendance politique, que des plaintes d'intérêts privés ou d'intérêts locaux déposées respectueusement au pied du trône. » La souveraineté royale absorbe les mille souverainetés princières ou féodales, la *vie d'État* remplace la *vie de province*. La centralisation politique moderne se substitue à l'éparpillement du moyen âge, c'est le triomphe de l'idée royale sur l'idée féodale ; et à partir du XVIe siècle c'est sans aucunes entraves, sauf un léger temps d'arrêt sous les faibles successeurs de Henri II, que se continuera cette marche progressive de la centralisation.

Cette centralisation, dans toute la période que nous venons de parcourir, fut indispensable, fut une arme pour le roi contre les seigneurs et l'Église; elle fit de la France un seul État en donnant la notion exacte de ce que celui-ci doit être : « Entre les réunions opérées sous les Capétiens directs et celles qui furent opérées sous les Valois de Philippe VI à Charles VIII, il y a une différence essentielle. Sous les Capétiens on s'était borné à grouper autour du domaine royal des provinces et des États qui ne tenaient au roi que par un lien féodal ; les Valois s'étudièrent à fondre toutes ces Frances diverses en un seul État au moyen d'une centralisation administrative » (Rambaud). La centralisation fut donc un inappréciable bienfait, car on se demande ce que serait devenu notre pays si la féodalité avait triomphé. Au lieu d'une nation une et puissante dont tous les membres travaillent à un but commun : sa grandeur et sa prospérité, nous aurions eu une foule de petits États, toujours en lutte les uns contre les autres pour leur intérêt particulier et trop occupés de leurs *perpétuelles querelles pour se préoccuper d'un intérêt national commun.*

Ces résultats ne furent cependant pas acquis sans certains sacrifices. Le dévouement à la royauté inspiré aux légistes par leur haine de la féodalité survécut à la ruine de celle-ci, et peut-être est-il regrettable que, devenu trop absolu, il leur ait fait regarder que la suppression de toutes les libertés municipales était comme indispensable à l'unité nationale. Ils confondirent trop les intérêts de l'absolutisme royal avec ceux de la France. Ce fut surtout dans cette diminution ou cette suppression des franchises municipales que cette œuvre des légistes est à regretter. Malgré les résistances légitimes qui se font jour dans les cahiers du Tiers-État, la monarchie enleva aux villes leur système propre d'administration et de police et les franchises, grâce auxquelles les progrès de cet ordre avaient été si grands.

Donnons comme exemple :

Les franchises administratives et judiciaires de la ville de Rouen, qui sont supprimées en 1382. A partir de cette époque le bailli préside l'assemblée, fait les élections, a le maniement des deniers publics, la haute main sur la police de la ville. Si la municipalité est rétablie plus tard en 1391, c'est seulement, comme sans doute il arriva pour plusieurs autres villes, dans l'intérêt de la royauté. L'ancienne commune est rétablie parce

qu'il était difficile au Gouvernement central d'administrer et surtout parce que la royauté voyait tarir la source
des revenus importants qu'elle tirait, en ses moments
de détresse, des grandes villes. Aussi lorsque Charles VI
rétablit la commune de Rouen, « le conseil du roi, écrit
Chéruel, parut surtout touché de cette considération
que les aides perçues à Rouen diminueraient considérablement si l'on ruinait les bourgeois et si l'on anéantis-
sait leur commerce » (1).

Quand Henri IV aura définitivement triomphé de ses
ennemis il ne restera plus rien à opposer à l'absolutisme de la royauté. Les Parlements n'ont pas l'autorité
qu'ils auront plus tard, ils sont encore dans la main du
roi. Louis XI avait obligé celui de Paris à déclarer en
1462 par l'organe de son premier président « qu'il était
institué pour administrer la justice et qu'il n'avait l'administration, ni de la guerre, ni des finances, ni du fait
et gouvernement du roi, ni des grands princes ». Cette
préoccupation constante de tout abaisser devant l'autorité centrale ne fit que s'accentuer.

Les États généraux dont le rôle avait été si grand dès
le XVIe siècle et qui à un certain moment menaçaient
de mettre la royauté en tutelle, ne sont plus convoqués
dès que les rois peuvent se passer d'eux. En 1719, Lamoignon disait : « Les États généraux n'ont que la voie
de la remontrance et de la très humble supplication. Le

____

(1) Chéruel, *Hist. de la commune de Rouen*, t. II.

roi défère à leurs doléances et à leurs prières suivant les
règles de sa prudence et de sa justice. S'il était obligé
de leur accorder toutes leurs demandes, il cesserait
d'être le roi. » Ce n'était que la traduction de ce qui
avait toujours été la doctrine royale à l'égard des États.
Même les États provinciaux sont suspects, depuis qu'on
n'a plus à leur demander de voter l'impôt, leur rôle se
borne à le répartir. L'ouverture et la fin des sessions sont
réglées par le roi. Le but principal des commissaires du
roi, dès que les députés sont réunis, est de les congédier
au plus tôt, c'est le plus sûr moyen d'écarter leurs re-
vendications. Les intendants indiquent que la meilleure
façon de s'en débarrasser rapidement est de fixer une
fois pour toutes leur indemnité sans avoir égard à la
durée de la session. « Si les députés sont une fois assu-
rés de ce payement, et sans espoir d'en avoir davantage,
vous aurez les États achevés dans trois semaines ou un
mois, le roi satisfait et la province soulagée » (Lettre de
l'évêque de Mende à Colbert en 1662). Enfin on les faisait siéger dans des villes de troisième ordre pour domp-
ter par l'ennui de la résidence l'obstination de leurs
membres à vouloir s'occuper largement des affaires
provinciales (de Crozals, *L'Ancien Régime*).

La Royauté, toujours absolue dans son principe, est
devenue presque absolue en fait ; l'idéal romain entrevu
par les premiers Mérovingiens, poursuivi par Charle-
magne et son fils ainsi que par les premiers Capétiens,
se trouve réalisé. Le roi est « un souverain et il a des

sujets » (1). Les protestations contre ce fait sont vaines. Les nobles en arriveront à dire, à ce que rapporte Marino Cavalli, « nos rois s'appelaient jadis *reges Francorum*, à présent on peut les appeler *reges servorum* » ; sous François Iᵉʳ, on emploiera la formule si connue « car tel est notre bon plaisir » (2). La mort de Henri IV n'arrêta pas ce mouvement. On pourrait se demander si entre Henri IV et Richelieu, l'œuvre du premier ne périclitera pas ? L'étude de M. Berthold Zeller sur la minorité de Louis XIII nous montre qu'il n'en sera rien. Malgré les ambitions exorbitantes des princes prétendant toujours empiéter sur le pouvoir monarchique; malgré les prétentions des Condé, des Nevers, des Vendôme, des Longueville, personnellement dévoués et fidèles au roi et à la reine, mais désireux d'être maîtres absolus quelque part et d'avoir un gouvernement de province, avec une place de sûreté où ils seraient plus souverains que le roi au Louvre, force reste au pouvoir central. C'est que les temps ont changé, Richelieu n'a pas encore passé par là ; mais Henri IV y a passé et c'est déjà beaucoup.

(1) Rambaud, *Hist. de la civilisation*.
(2) Rambaud, *Hist. de la civilisation*, t. I, p. 503.

CHAPITRE III

A cette époque, un élément nouveau va intervenir qui couronnera l'organisation administrative. Nous voulons parler *des intendants de justice, de police, des finances et du militaire ou commissaires départis pour l'exécution des ordres du roi dans les provinces.* — Leur histoire est intéressante, car elle se rattache intimement à celle de la centralisation dont ils furent les principaux agents. Ils ont été, en effet, « comme les préfets de la Monarchie absolue », avec des pouvoirs encore plus grands et plus étendus, car ils n'avaient pas à subir comme ceux-ci le contrôle d'assemblées électives.

L'institution se rattache, dans ses origines, à l'envoi dans les provinces de représentants du roi auxquels celui-ci déléguait une partie de ses pouvoirs et qu'il chargeait de missions temporaires. Sous Henri III, les intendants ou commissaires départis pris parmi les maîtres des requêtes faisaient des rapports sur l'état matériel et les ressources des provinces, rapports qui devaient servir à fixer le chiffre de l'impôt direct. Quoi qu'il en soit, les intendants furent complètement transformés par Richelieu qui, s'il ne les créa pas, les utilisa admirablement. Remarquons qu'ils ne furent pas établis par mesure générale, mais par suite de commissions de dates diverses. Les anciens officiers chargés de missions temporaires deviennent des inspecteurs permanents et résidents (1) munis de pouvoirs très étendus, mais recevant leurs ordres du roi. C'est en cela qu'ils sont des agents de centralisation, s'ils concentraient entre leurs mains toute l'administration ; c'était pour la rattacher au Gouvernement central « qui leur envoyait des instructions pour chaque affaire délicate. Au cas où ils entraient en conflit avec les autorités locales, c'était devant le conseil du roi que l'affaire était évoquée » (2). Ils étaient, dit Guyot, l'œil du Gouvernement dans la province.

Mais avant d'étudier leur rôle il est bon de les voir sous leur véritable aspect et de faire justice de certaines légendes qui les ont représentés comme des hommes avides, cause de tous les maux dont souffrit la France. Il y a de la fantaisie dans le jugement de Fénélon, pensant que la suppression des intendants sera du même coup la suppression des abus et comme un rajeunissement de la royauté. Dans son *Précis des Institutions politiques et sociales de l'ancienne France*, Gasquet a remis les choses à leur véritable point et on ne peut mieux faire que de citer la page remarquable qu'il leur a consacrée. « Les intendants ne valurent que ce que valait la

(1) Esmein, *Histoire du Droit*, p. 597.
(2) Esmein, *id.*

royauté elle-même, dont ils ne furent que les instruments dociles et intelligents. Ils reflètent de la manière la plus exacte l'esprit du Gouvernement qui les emploie. Les intendants de Richelieu, les Laffemas, les Laubardemont, les Voyer d'Argenson, sont avant tout des hommes d'action, armés comme leur maître de la raison d'État, sans scrupules et sans faiblesses, des exécuteurs froids et impassibles des volontés ministérielles.

Ceux de Colbert et de Louvois sont de rudes commis, rompus aux affaires, travailleurs infatigables et administrateurs hors ligne, parfois brutaux comme les ministres sur qui ils se modèlent, conscients de la victoire de la robe sur les gens d'épée : les Fortia, les Pommereu, les Machault, les Foucault, les Basville de Lamoignon. Ceux enfin du XVIII° siècle se présentent bien différents : ce ne sont plus des hommes de lutte ; la rigueur de leurs prédécesseurs s'est fondue et transformée chez eux en élégance décente et en courtoisie de bon ton. La plupart sont des lettrés, des hommes de cour, fiers et de manières raffinées, des administrateurs intègres, mais sans morgue et sans hautaine prétention. Rien ne les distingue des gentilshommes de race, sinon leur instruction supérieure et leurs habitudes laborieuses. Faire le procès des intendants c'est faire celui de la monarchie elle-même, bienfaisante et protectrice des intérêts publics sous Henri IV, concentrant sous Richelieu toutes ses forces pour la lutte contre l'étranger, féconde sous Colbert en réformes heureuses et en créations utiles qu'il fallait imposer à la routine ; puis impatiente de toute barrière et de tout contrôle, ennemie des libertés publiques et des initiatives privées, aimant pour elles-mêmes la domination et la réglementation à outrance. Les intendants ne furent qu'un des rouages, le principal, il est vrai, d'une machine savamment combinée pour plier toutes les classes de la nation à l'obéissance. » Aussi que de résistances et de luttes pour les imposer ; nous voyons en 1628 le Parlement de Bordeaux décréter d'accusation l'intendant Servien soutenu par Richelieu. Après le tout puissant ministre, à l'époque de la Fronde, Mazarin dut en 1648 sacrifier momentanément les agents de son prédécesseur ; mais la Fronde vaincue, l'un des premiers actes du Gouvernement victorieux fut le rétablissement des intendants devenus un organe nécessaire.

L'institution ne fit que progresser, et à la veille de la Révolution il y a 32 intendants (1). Dans son remarquable ouvrage sur l'*Histoire du droit*, M. Esmein nous dit quelles étaient leurs attributions judiciaires. « La justice était entre leurs mains, ils pouvaient entrer et prendre séance dans les cours et tribunaux judiciaires et même présider les juridictions autres que les parlements ; ils avaient un droit de surveillance sur tous les magistrats, pouvaient leur adresser des remontrances et même les suspendre de leur charge, sauf à en référer

____

(1) Esmein, *Hist. du Droit*, p. 600.

au pouvoir royal. Enfin ils pouvaient juger eux-mêmes
et en dernier ressort les crimes contre la sûreté de
l'État, assemblées illicites, séditions, monopoles, entre-
prises et levées de troupes, en appelant au jugement un
certain nombre de juges ou gradués en droit. »

Compétents en matière de finances pour la répartition et la levée de l'impôt, ils avaient en matière administrative des attributions très importantes au nombre
desquelles il faut ranger la tutelle administrative. Guyot
appelle les « commissaires de Sa Majesté les tuteurs des
communautés d'habitants ». Le vicomte de Luçay énu-
mérant leurs attributions écrit que « indépendamment de
leurs attributions extraordinaires comme commissaires
du conseil du roi, ils avaient dans leurs attributions ordinaires la religion, l'agriculture, le commerce et la
navigation, la guerre, la police et les travaux publics
et enfin la *tutelle des communautés d'habitants* » (1). La
Royauté qui s'était appuyée sur les communes dans sa
lutte contre les seigneurs, supprima à son profit, dès
qu'elle fut assez forte, les franchises municipales qu'elle
les avait aidées à conquérir. Ces empiétements deviendront de plus en plus abusifs ; ce ne sera plus aux gouverneurs ou à la noblesse dont les pouvoirs ont disparu
à jamais que les intendants vont s'attaquer. La lutte
sera contre les Parlements, adversaires plus redouta-
bles et plus éclairés. L'annulation successive des testa-

(1) *Les Assemblées provinciales sous Louis XVI et les divisions administratives de* 1789, par le vicomte de Luçay.

ments de Henri IV, de Louis XIII et de Louis XIV leur avait conféré une réelle autorité qu'ils cherchaient à fortifier encore en proclamant l'union des classes, c'est-à-dire l'indissolubilité des corps judiciaires dans tout le royaume. La Royauté triompha néanmoins, et au lendemain de la mort de Louis XIV, Montesquieu pouvait écrire : « Les Parlements ressemblent à ces ruines que l'on foule aux pieds, mais qui rappellent toujours l'idée de quelque temple fameux par l'ancienne religion des peuples. Ils ne se mêlent guère plus que de rendre la justice, et leur autorité est toujours languissante. Ces grands corps ont suivi le destin des choses humaines, ils ont cédé au temps qui détruit, à la corruption des mœurs qui a tout affaibli, *à l'autorité suprême qui a tout abattu.* » Les Parlements étaient cependant moins abattus que ne le croyait Montesquieu et le combat contre l'autorité royale recommença vers le milieu du XVIIIe siècle pour ne se terminer qu'à la veille de la Révolution. Au mois de novembre 1770, le roi qui se défie de ces « longues barbes » lance un édit par lequel il défend à tous les Parlements de se servir désormais des termes d'unité, d'indivisibilité de classe, il leur interdit de correspondre les uns avec les autres, sauf les cas spécifiés par les ordonnances et de résister à sa volonté. Le 21 janvier le Parlement est exilé en masse et le 13 août un arrêt le déclare supprimé.

Les Parlements essayèrent vainement de défendre en même temps que leurs privilèges les débris des franchises et des libertés que les Légistes, leurs ancêtres, avaient contribué à abattre. La lutte est vive en effet entre les intendants et les villes. En 1692, la nomination des maires et des principaux officiers municipaux par le roi, mesure prise surtout dans un but fiscal, porta aux municipalités un coup bien rude. « Louis XIV, dit Michelet, ne connaissant d'autres droits que le droit royal, faisait en août 1692, ce qu'aucun de ses prédécesseurs n'avait osé faire, il brisait violemment l'ancien droit de France, le droit d'élection municipale... et cent ans après, mois pour mois, le droit du roi était nié et détruit. » Rabeau a beau constater que « si l'édit de 1692 établit la vénalité des charges des maires, il établit partout des maires et définit leurs attributions » (1) ; il n'en est pas moins vrai que les documents de l'époque nous montrent le peu de cas fait par la Royauté des pouvoirs des autorités communales. Nous avons trouvé dans les *Archives municipales de Rouen* en date du 9 janvier 1692 un arrêt du Conseil d'État portant que « les sieurs de Bellou, premier avocat et Brunet, procureur du roi au bailliage, assisteront aux Assemblées des 24 du Conseil et y auront voix délibérative avant les échevins ». Aux mêmes archives, nous trouvons le compte rendu d'une séance du 4 juillet 1692, *en présence de M. de la Berchère, intendant,* pour l'élection des nouveaux officiers municipaux. Un autre arrêt du 14 juillet 1692 dit :

(1) Rabeau, *La Ville*, p. 3.

« Les procureurs du roi assisteront à toutes les assemblées générales et particulières, tant pour les élections des maires, échevins, pour le contrôle et logement des gens de guerre, les impositions, pour l'ouverture des lettres de cachet et ordres de Sa Majesté que pour les affaires concernant lesdites communautés... *Défense aux maires, échevins...* de faire ni tenir aucunes assemblées en leur maison, ni d'en faire tenir, soit générales ou particulières dans les hôtels-de-ville, auditoires ou lieux à ce destinés *qu'en présence de ces procureurs* ou eux dûment avertis... à peine de 500 livres d'amende » (*Registre des délibérations*, 9 juillet 1696). « Le roi informé des difficultés et contestations élevées entre les maires, échevins et officiers de la ville d'une part et le lieutenant général et procureur du roi au bailliage, au sujet de leurs fonctions, compétences et juridictions, sur le rapport de Phelypeau de Pontchartrain, contrôleur général des finances, *ordonne que la contestation sera portée devant La Bourdonnaye* (l'intendant) qui « les parties entendues dressera procès-verbal de leurs dires et contestations, pour iceluy *vu et rapporté au Conseil être ordonné ce qu'il appartiendra* ». A l'époque des édits de 1764 et de 1765 on trouve dans les instructions données aux intendants et dans d'autres pièces le parti pris par la Royauté d'octroyer tout pouvoir à ses agents et de ne tenir aucun cas des réclamations des Parlements ».

Le ministre Bertin écrit à l'intendant La Michodière :

« Je vous envoie, Monsieur, les ordres nécessaires pour
l'élection des officiers municipaux de la ville de Rouen.
Le roi, étant informé que, depuis quelque temps, les
élections ne sont faites que pour la forme, m'ordonne
de vous marquer que son intention est que les règlements faits pour l'hôtel-de-ville de Rouen soient exactement observés et que dans l'assemblée qui doit se tenir
devant vous, pour la prochaine élection, vous ayez soin
d'empêcher tout ce qui pourrait empêcher la liberté de
suffrages » (*Archives nationales,* O. I. 512).

Nous avons encore trouvé aux *Archives nationales*
une lettre à Hue de Miromesnil, alors premier président
de Rouen, le futur ministre de Louis XVI, en date du
30 juin, qui nous apprend qu'un des membres du Parlement avait dénoncé aux chambres assemblées le vice
des élections. « Je crois, dit le ministre, peu soucieux de
l'intervention du Parlement en cette affaire, je crois que
vous penserez que le roi ayant donné des ordres (à l'intendant) à ce sujet, les démarches que le Parlement
pourrait faire seraient absolument inutiles. » Le 1er juillet
1764 lettre dans le même sens au duc d'Harcourt. Enfin
le 3 juillet nouvelle lettre à l'intendant La Michodière :
« Il ne paraît pas régulier que le Parlement ordonne par
son arrêt le changement de la forme pratiquée depuis
un arrêt du conseil de 1671 et rétablisse celle qui avait
été prescrite par les lettres-patentes de 1665. » Dans
cette intervention perpétuelle du pouvoir central es-
sayant de mettre la main sur les affaires communales,

la Royauté fut aidée par diverses causes. Toutes les fois que des troubles se produisaient, elle intervenait en vertu de son droit de haute police, et chaque intervention était payée de l'abandon par la ville coupable de quelques-uns de ses privilèges ; quand, par suite d'une mauvaise gestion, la situation financière périclitait, la Royauté, sous prétexte d'éviter le retour à de pareils errements, faisait surveiller l'administration des municipalités par ses agents, par ses baillis ou ses prévôts.

Pour étendre leur action dans tout le ressort de leurs généralités, les intendants ont des subdélégués que l'on peut comparer à nos sous-préfets, avec cette différence qu'ils sont nommés par les intendants dont ils relèvent exclusivement et que le pouvoir central supérieur ne les connaît pas. Le droit de nommer des subdélégués avait été reconnu à l'intendant dès 1642 par un des derniers règlements émanés de Richelieu. « *Ils recevaient les requêtes adressées aux intendants, les leur envoyaient avec leur avis, dressaient les procès-verbaux, communiquaient les ordres des intendants aux maires et syndics et s'instruisaient de l'état des paroisses.* » Désormais par les intendants, par les subdélégués l'action du pouvoir central peut s'exercer jusque dans les villages les plus reculés avec autant d'intensité qu'à Paris même. La Royauté absolue est pourvue de son instrument nécessaire : la centralisation administrative (1).

(1) Rambaud, *Histoire de la civilisation*, t. II, p. 34.

On voit que le pouvoir des intendants, émanation
directe du pouvoir central, était considérable, et de l'a-
veu des contemporains presque illimité. Le marquis
d'Argenson raconte dans ses mémoires une conversation
qu'il eut avec Law à la veille du départ du trop célèbre
financier : « Jamais, dit Law, je n'aurais cru ce que j'ai
vu quand j'étais contrôleur des finances. Sachez que ce
royaume est gouverné par 30 intendants ; vous n'avez ni
Parlements, ni États, ni gouverneurs ; ce sont 30 maîtres de requêtes, commis aux provinces, de qui dépendent le bonheur ou le malheur des provinces, leur
abondance ou leur stérilité. » M. Rambaud estime qu'il
serait plus facile de dire ce qui n'est pas dans les attributions de l'intendant que ce qui y rentre.

Quand on considère cette centralisation excessive,
produit et cause de l'absolutisme royal, la vérité du fameux mot : l'État, c'est moi, éclate à tous les yeux. Elle
avait formé « dans la plus légitime des Monarchies, la
plus scandaleuse et la plus dangereuse tyrannie qui ait
peut-être jamais asservi un État » (Cardinal de Retz).
Blackstone assimilait comme pays despotiques la France
et la Turquie. La distinction des droits très différents de
l'État et du roi n'existait pas. D'après l'intendant Basville, « les bornes du domaine royal se confondent exactement avec les limites du royaume » (1). Mais le pouvoir despotique ne peut durer : Montesquieu disait :

____

(1) Rambaud, *Histoire de la civilisation*, t. II, p. 3.

« quand les sauvages de la Louisiane veulent avoir du fruit, ils coupent l'arbre au pied et prennent le fruit. Voilà le gouvernement despotique ». Les résultats d'un pareil état de choses ne se firent pas attendre, et ils furent si déplorables, surtout au point de vue financier, que la Royauté hésitante, entraînée, du reste, par l'opinion publique dont la grande voix commence à se faire entendre, s'arrête et, sur l'inspiration de Turgot, dont l'idée est appliquée par Necker, son ancien adversaire, en appelle aux États Provinciaux. A titre d'essai, il fut créé des États Provinciaux dans le Berry, le Dauphiné et la Haute-Guyenne. L'édit de juin 1787 généralisa l'institution et l'étendit à toutes les provinces. Les concessions arrivées trop tard pour la réforme utile des abus de l'ancien régime ne purent sauver la Royauté. « La monarchie française qui avait mis des siècles à dissoudre toutes les forces résistantes de la société et à faire le vide autour d'elle, ne trouva plus d'appuis au jour de la tempête ; elle périt par l'excès même de son triomphe » (Odilon Barrot).

CHAPITRE IV

a) On pourrait croire que la Constituante devait prendre à tâche de continuer cette œuvre de décentralisation, il n'en fut rien comme il est facile de le constater quand on va au fond des choses. La Législation de 1790 augmenta au contraire la centralisation en détruisant les diverses provinces et en substituant les lignes abstraites des départements aux divisions historiquement formées des Gouvernements et des généralités. « Elle tua l'esprit provincial que l'ancienne monarchie avait laissé subsister ; elle porta donc le coup le plus rude que la décentralisation put recevoir et c'est par cet acte qu'il est vrai de dire que la démocratie a consommé l'œuvre centralisatrice des rois de France » (Batbie, t. IV, p. 150).

En 1790 l'instruction législative du 8 janvier destinée à assurer l'exécution de la loi du 22 décembre 1789, sur l'organisation départementale, s'exprimait en ces termes : « L'État est un, les départements ne sont que des sections du même tout, une organisation uniforme doit donc les embrasser tous dans un régime commun. » On le voit, pour la Constituante, le département était un organe d'un gouvernement unitaire, un instrument de transmission de ses ordres, plutôt qu'un centre d'administration autonome. De plus, cette autre phrase de l'instruction montre bien l'idée qui dirigeait ses rédacteurs. « Le principe constitutionnel sur la distribution des pouvoirs administratifs est que l'autorité descende du roi aux administrations de département, de celles-ci aux administrations de district et de ces dernières aux municipalités » ; on peut donc dire que la décentralisation laissant à l'élection la nomination des administrateurs, la Constituante centralisait encore en établissant entre les diverses administrations un lien étroit de subordination.

b) La centralisation abandonnée seulement en apparence et dans ces limites, devait reprendre sa marche en avant sous la Convention. Celle-ci, obligée de réunir entre ses mains tous les pouvoirs, de tendre avec une suprême énergie tous les ressorts du Gouvernement, exerça son action par ses comités dont les principaux étaient le Comité de Salut public et le Comité de Sûreté générale. Les représentants en mission étendirent cette action sur les départements. Tout dut plier devant eux, comme il ressort du décret du 16 août 1793 cassant une délibération prise par les administrateurs des Hautes-Pyrénées assez audacieux pour suspendre l'exécution d'un arrêté des représentants de la Convention. Un article de ce décret porte que les administrateurs qui oseraient agir ainsi seraient punis de dix années de fer. Disons à sa décharge que si elle n'avait pas adopté cette ligne de

conduite elle eût été impuissante à conjurer l'émeute
intérieure et la guerre extérieure. M. Lanfrey, parlant
de la Convention, dit cependant : « La Révolution n'a
subi cette centralisation qu'à contre-cœur et sous le coup
des plus impérieuses nécessités. Lorsque les complica-
tions les plus alarmantes, se coalisant dans son propre
sein avec les dangers qui la menaçaient sur les fron-
tières, la forcèrent de recourir à ce suprême effort de
contraction sur elle-même et même alors elle protesta
par la voix de la Gironde contre ce système désespéré qui
ne la sauva qu'en tuant ce qu'elle avait de meilleur en
elle. Elle ne l'accepta que l'épée de l'étranger et le poi-
gnard des conspirateurs sur la gorge, comme un expé-
dient, comme un état transitoire, jamais comme un
principe. »

c) Le Directoire voulut substituer au régime de la
Convention un régime moins despotique. Ce fut le but
de la Constitution de l'an III. Nous aurons à en parler
longuement à propos de l'organisation cantonale. Il y
eut décentralisation du pouvoir suprême : cinq chefs au
lieu d'un seul. Cette Constitution dura peu, le Directoire
fut rapidement déconsidéré, une complète anarchie
régnait dans le Gouvernement et les mêmes nécessités
que sous la Convention subsistaient ; les dangers du
dehors temporairement ajournés par les victoires de
Masséna à Zurich et de Brune à Castricum n'étaient pas
écartés.

d) Une grande réaction se produisit avec la Constitution de l'an VIII qui fit prévaloir un système de centralisation énergique supprimant le système électif, elle organise une étroite hiérarchie administrative plaçant les diverses autorités départementales, sous la direction immédiate du pouvoir central. « Un maître absolu entouré de fantômes d'institutions républicaines, telle fut la Constitution de l'an VIII. » Aussi a-t-on appelé la loi du 28 pluviôse, la grande charte de la Centralisation administrative. Tous les membres de l'Administration sont nommés par le premier consul ; quant aux conseils de département, d'arrondissement, ou municipaux, les délibérations qu'ils peuvent émettre au cours des sessions annuelles réduites à une durée maximum de 15 jours ont tout au plus la force d'un vœu. « Les préfets agents supérieurs du pouvoir central ont la haute main sur les municipalités. Dans les communes de moins de 5.000 habitants ils peuvent suspendre les maires, les adjoints, les conseillers municipaux ; dans les autres communes ce droit est réservé au premier consul ; la tutelle administrative qu'avait exercée sur les communes l'intendant de l'ancien régime, reparaît; les communes sont des mineures et le préfet est leur tuteur » (1). Elles sont privées de tous les droits possibles de vendre ou acheter, d'agir en justice de leur propre initiative. L'administration du département, de la ville, du village échappe à l'habitant qui par une con-

(1) Rambaud.

séquence forcée s'en désintéresse, s'en rapportant au préfet. Ce dernier a dans sa main les maires et les conseils. Les préfets, selon le mot de Napoléon, étaient des empereurs au petit pied.

L'œuvre de la Révolution n'en a pas moins été des plus importantes, le régime qui l'avait précédée ne s'était attaqué aux puissances féodales, ecclésiastiques, provinciales ou municipales que pour établir sur elles une autorité absolue. La Révolution avec son caractère tout démocratique n'épargna aucun des vestiges d'inégalité qui avaient pu survivre, elle nivela tout.

CHAPITRE V

Le système autoritaire qui laissa après lui une nation épuisée de sang et d'argent survécut à l'Empire. Sous la Restauration le parti libéral se montra favorable aux franchises locales ; ce ne fut cependant que dans les dernières années du règne de Charles X, en 1829, que le ministère Martignac proposa de substituer la nomination par l'élection à la nomination par le pouvoir exécutif. La Chambre ayant voté la suppression des conseils d'arrondissement et leur remplacement par des conseils cantonaux, un dissentiment s'éleva entre elle et le Gouvernement et le projet de loi tout entier fut retiré.

L'impulsion était donnée et la Charte de 1830 dut promettre au pays « des institutions départementales et municipales fondées sur le principe d'élection »; tel fut le but de la loi du 22 juin 1833 qui établit dans l'administration départementale le système électif. La loi du 10 mai 1838 fixa les attributions des assemblées départementales ainsi organisées ; elle leur laissa le règlement de quelques questions ; mais la réforme est encore bien timide : les séances du Conseil général ne

sont pas publiques ; il ne peut se mettre en correspon-
dance avec d'autres Conseils généraux ou des Conseils
d'arrondissement. « Au fond les idées de décentralisation n'étaient point en faveur dans la classe bourgeoise
qui était alors la classe dirigeante. M. Thiers disait :
« Nous voulons faire abonder la vie sociale au centre
de l'État ; nous voulons réaliser ce grand phénomène
moderne : celui de faire vivre le corps social dans une
grande vérité. Savez-vous pourquoi la Restauration en
nous faisant un mal moral et politique immense, n'a
cependant pas frustré les intérêts matériels ? c'est
qu'elle a respecté la vieille administration de l'Empire
qui en savait plus qu'elle et qu'elle a laissé aller » ; et
plus loin « en affranchissant les grandes communes,
vous détruisez l'unité ; vous portez un coup de hache au
pied de l'arbre ». Se servant d'une comparaison sem-
blable, M. Odilon Barrot dira plus tard par contre :
« Les gouvernements libres qu'on essaie d'enter sur
la centralisation impériale, ne peuvent être comparés
qu'à de grands arbres sans racines, qu'on livrerait à
toute la fureur des vents. »

Après la chute de Louis-Philippe, on reconnut la nécessité d'une décentralisation, les avis n'étaient parta-
gés que jusqu'au point où on la porterait. Vivien au
Conseil d'État voulait étendre les pouvoirs des Conseils
municipaux et la commission du Conseil d'État augmenta de sept cas nouveaux les matières que pouvait
régler définitivement le Conseil municipal. On était loin,

dit Batbie, du projet Béchard qui demandait « la création de 21 circonscriptions divisionnaires portant le nom des anciennes provinces ; la nomination par les Conseils municipaux des maires et des employés de la commune ; l'approbation du Conseil général remplaçant dans des cas nombreux celle du préfet ; la création d'un Conseil cantonal ». Il voulait aussi placer au chef-lieu des 21 circonscriptions de grandes institutions administratives « ayant pour but d'entretenir la vie morale et intellectuelle dans quelques grands centres et d'arrêter le mouvement qui porte à Paris tous les hommes de plaisir. d'études ou d'affaires ». On aurait eu ainsi dans chacun de ces centres une division militaire, un archevêché, une cour d'appel, une académie, une division supérieure des travaux publics, une inspection générale des établissements de bienfaisance et de répression. L'article 59 de son projet ordonnait aux conseils supérieurs des circonscriptions divisionnaires de se réunir toutes les fois que les pouvoirs constitutionnels de l'État étaient, par une circonstance quelconque, mis dans l'impossibilité d'exercer leurs attributions (1). De nos jours M. Hovelacque s'est beaucoup inspiré de ce projet pour présenter le sien. Raudot, partisan du projet Béchard, alla plus loin encore. Il proposait de donner au Conseil général le droit de présentation pour la nomination aux places de judicature et le classement des

____

(1) Batbie, *Traité de Droit public*, t. IV, p. 155.

chemins vicinaux aux Conseils municipaux. Enfin
M. Raudot voulait enlever au préfet la représentation
du département, personne morale, et instituer un maire
départemental. Le Conseil d'Etat s'opposa aux réformes
de Béchard et de Raudot, les commissions de l'Assemblée législative allèrent un peu plus loin ; mais quand
survinrent les événements de 1851, les projets soumis
à l'étude étaient très éloignés des propositions Béchard
et Raudot (1).

Napoléon III sembla disposé à reprendre les idées de
décentralisation. Ce n'était qu'un leurre. La centralisation qui a pour effet principal de paralyser toutes les velléités d'indépendance est trop indispensable aux gouvernements despotiques pour que l'empereur ait songé
un seul instant à se priver de cette arme redoutable contre
toutes les libertés. Les décrets du 25 mars 1852 et du
13 avril 1861 aussi adroitement qu'improprement appelés décrets de décentralisation ne sont-ils que des décrets de déconcentration. S'ils ont enlevé au Pouvoir
central la décision des affaires énumérées dans les
quatre tableaux qui y sont annexés, ce fut pour la transporter aux préfets, agents supérieurs du gouvernement.
Ces décrets n'ont rien ajouté aux franchises départementales et communales. On comprend que les partisans sincères de la décentralisation ne furent que peu
satisfaits par ce trompe-l'œil et MM. Vivien, Chevillard,
Odilon Barrot reprirent-ils bientôt la question: Vivien

(1) Batbie, *Traité de Droit public*, t. IV, p. 157.

et Chevillard s'élevaient contre le trop peu d'extension donné au département, ils se prononçaient pour la création de divisions supérieures superposées aux premières et composées de plusieurs départements. L'action administrative ayant besoin, suivant eux, « de reprendre haleine, avant d'arriver aux extrémités », on fortifiait ainsi l'action administrative, on développait la vie locale et on préparait la décentralisation morale « de toutes la plus désirable, parce qu'elle pourrait avoir quelque effet sur l'émigration des campagnes vers les villes et des villes vers la capitale ».(Qu'il nous soit permis de remarquer en passant que l'influence des causes économiques sur cette migration semble avoir échappé à ces deux hommes d'État.)

Si le département semblait à ces législateurs trop petit comme division principale, l'arrondissement leur semblait trop grand comme division secondaire et c'est, comme nous le verrons, au canton qu'ils reportaient la sous-division administrative. Nous nous sommes grandement inspiré dans cet exposé de l'ouvrage de M. Batbie.

Nous n'analyserons pas dans cette partie plus spécialement historique le rapport que Odilon Barrot déposa en 1851. Nous n'examinerons pas davantage les projets déposés par MM. de Barante et Waddington le 28 avril 1871, Ulric Perrot (27 mai 1871), Le Maguet (20 décembre 1879), Antonin Dubost (18 mars 1882). Le plus remarquable, le plus pratique de tous ces projets fut présenté à la date du 20 mai 1882 par M. Goblet, ministre de l'Intérieur. Après lui, MM. Colfavru, Thellier de Poncheville, n'y apportèrent que des modifications de détail. M. Hovelacque, après avoir rêvé une invraisemblable division territoriale inspirée par les projets Béchard et Raudot, ne change presque rien au système cantonal exposé d'une façon si précise et si brillante par le ministre de l'Intérieur en 1882. Enfin la proposition de M. Maurice-Faure concorde dans ses grandes lignes avec les projets Goblet et ses dérivés les projets Colfavru et Hovelacque. Comme nous aurons à étudier ces différents systèmes au point de vue de l'organisation cantonale, nous ne croyons pas devoir insister davantage ici. Disons seulement qu'on peut partager les projets d'organisation cantonale en deux catégories. Dans la première se placent ceux qui n'attribuent au canton que le pouvoir consultatif : projet du Conseil d'État en 1851, projets Vivien, Ulric Perrot, Le Maguet, Antonin Dubost. Dans la seconde, on doit ranger les projets de ceux qui conçoivent le canton comme un organe administratif complet. L'origine de cette conception toute différente pourrait se retrouver dans les essais tentés et par la Constitution de l'an III, et par celle de 1848. S'ils diffèrent et beaucoup sur la constitution et les attributions des conseils de canton, ils se ressemblent tous en ce point, le point essentiel : faire du canton un organisme complet, ayant son action propre, et pour cela ils lui confèrent la personnalité civile et par conséquent le droit de posséder, de recevoir des legs, etc... ; en un mot d'avoir un budget.

CHAPITRE VI

Après avoir ainsi examiné la question de la centralisation en la prenant dès les origines de notre histoire, il reste à se demander quel est le système centralisateur ou décentralisateur qui est le plus apte à donner au pays une grande prospérité. Il serait puéril de dire que la décentralisation d'une manière générale et à toutes les époques soit supérieure à la centralisation, il n'y a pas à ce sujet de principe absolu : c'est, des circonstances, de la situation politique, économique ou sociale que l'on doit s'inspirer pour réclamer l'application de l'un ou l'autre des systèmes. Enfin cela dépend du régime constitutionnel sous lequel le pays est placé. On peut dire en effet que si à des institutions locales centralisées correspond le pouvoir personnel ou la monarchie, la forme républicaine ne semble guère praticable qu'avec des institutions locales décentralisées. Un de nos plus grands hommes d'État, J. Ferry, a dit : « Si vous accouplez ces deux choses, le régime parlementaire et la centralisation, sachez que le régime parlementaire, soit sous une République, soit sous une Monarchie, n'a que le choix entre ces deux genres de mort : la putréfaction comme sous Louis-Philippe ou l'embuscade comme avec Napoléon III. » « Ce fut notre erreur, écrit M. Joseph Ferrand, de croire que la République et l'Empire peuvent vivre avec les mêmes mœurs et que quelques changements dans les personnes ou les formules suffiraient pour fonder la liberté ; aussi nous ne voyons guère les particuliers prendre plus souci qu'autrefois des affaires générales et locales, ni qu'ils aient une plus grande idée de leur responsabilité. » Ce n'est pas ici le lieu de faire une profession de foi politique, ni d'affirmer la supériorité d'un régime sur un autre ; mais on peut dire que l'indifférence en matière politique est le pire de tous les maux et qu'il est fâcheux de voir les citoyens même les plus éclairés se désintéresser des affaires publiques. Cette indifférence devenue presque de mise dans certains milieux est néfaste et peut conduire ceux-là mêmes qui l'affectent à subir un jour ou l'autre un régime d'oppression dont ils seront les premières victimes. Il faudrait stimuler le bon vouloir de chacun et alors « le réveil de l'activité nationale sous toutes ses formes ne pourra que grandir la puissance matérielle et morale et l'amour véritable de la patrie ». La centralisation est un des plus grands obstacles qui s'opposent à la mise en valeur de ces énergies et de ces intelligences individuelles. Cette opinion et ces idées ont du reste été adoptées par presque tous ceux qui ont étudié cette question sans distinction de nuances politiques (il est facile de s'en assurer en consultant la liste des mem-

bres de la Commission extra-parlementaire de décentralisation). La grande majorité du Parlement et, aupa-
ravant sous la Restauration, sous la Monarchie de Juillet
et sous le second Empire les hommes les plus illustres
ont préconisé la décentralisation administrative.

Voici ce que disait Royer-Collard en 1824 : « Nous
avons passé, en un jour, de la servitude à la liberté ; et,
faute de temps et de prévoyance, nous avons laissé au
milieu de nous, tous les instruments du despotisme. Le
mal vient du pouvoir déréglé et monstrueux qui s'est
élevé sur la ruine de toutes les institutions. Une société
sans institutions ne peut être que la propriété de son
gouvernement ; en vain on lui écrira quelque part des
droits : elle ne saura pas les exercer et ne pourra pas les
conserver » et ailleurs « de la société en poussière est
sortie la centralisation ; il ne faut pas chercher ailleurs
son origine. Nous sommes devenus un peuple d'administrés sous la main de fonctionnaires irresponsables,
centralisés eux-mêmes dans le pouvoir dont ils sont les
ministres. La servitude publique, voilà l'héritage que
Louis XVIII a recueilli ». Dupont-White, partisan con-
vaincu de la centralisation, a écrit un chapitre dont le
titre seul est tout un aveu : « D'un mérite des gouvernements non centralisés qui est la liberté ». L'auteur con-
vient que la centralisation est un des obstacles les plus
grands qui puissent arrêter l'essor de la pensée, paralyser les grandes manifestations artistiques ou littéraires
« que, dit-il, on n'a vu, sauf quelques exceptions qui s'ex-

pliquent par des circonstances particulières, que sous les gouvernements non centralisés ». La splendeur des siècles d'Auguste et de Louis XIV ne contredit pas cette théorie « l'effet du pouvoir absolu n'est pas instantané heureusement, et les illustrations de ces deux règnes étaient nées avant l'avènement des despotes sur lesquels leur gloire a rejailli. C'est sous Tibère et sous Louis XV que se produit l'influence néfaste du despotisme sur l'esprit humain ». « C'est une vérité démontrée par les grands faits de l'histoire, que le régime vigoureux et sain de la liberté élève l'âme et féconde l'intelligence d'un peuple tandis que le régime d'une centralisation excessive qui n'est autre que le pouvoir absolu les dégrade et les abaisse » (Odillon Barrot).

M. Ferrand, dans son remarquable ouvrage sur les *Institutions administratives*, rapporte ces paroles de M. de Tocqueville : « Sans institutions locales, une nation peut se donner un gouvernement libre ; mais elle n'a pas l'esprit de la liberté. Des passions passagères, des intérêts d'un moment, le hasard des circonstances peuvent lui donner les formes extérieures de l'indépendance ; mais le despotisme refoulé dans l'intérieur du corps social reparaît tôt ou tard à la surface ». « C'est dans le commerce, dit-il encore, que réside la force des peuples libres, les institutions communales sont à la liberté ce que les écoles primaires sont à la science, elles la mettent à la portée du peuple, elles lui en font goûter l'usage paisible et l'habituent à s'en servir. » Dans le préambule du décret du 25 mars 1862 sur la décentralisation, préambule attribué à l'empereur lui-même, nous voyons : « Considérant qu'on peut gouverner de loin, mais qu'on n'administre bien que de près ; qu'en conséquence, autant il importe de centraliser l'action gouvernementale de l'État, autant il est nécessaire de décentraliser l'action administrative. »

M. de Laveleye (*Revue des Deux-Mondes*, janvier 1890) donne bien une note discordante. Il cite à l'appui de sa thèse centralisatrice l'exemple de l'Angleterre et des États-Unis où l'esprit de centralisation a fait des progrès en ces derniers temps. Il faudrait prouver que deux pays s'en trouvent mieux et que le mieux s'il existe tient bien à cette seule cause et non à d'autres.

DEUXIÈME PARTIE

REMÈDE POSSIBLE A LA CENTRALISATION EXCESSIVE

Après avoir examiné les bienfaits de la centralisation et reconnu le rôle considérable qu'elle a joué dans la formation de l'unité nationale, nous avons constaté, après beaucoup d'autres, qu'elle avait ses inconvénients. Les hommes considérables dont nous avons rapporté les opinions sont unanimes à en dénoncer les abus et à chercher à y apporter un remède.

Il nous a paru, comme à la plupart d'entre eux, que le premier pas à faire dans la voie d'une décentralisation qui semble indispensable était au chef-lieu de canton. Nous nous proposons donc d'étudier la formation de conseils cantonaux qui joueraient un rôle plus efficace que les conseils d'arrondissement dont l'impuissance n'est plus à démontrer. Nous chercherons comment on les pourrait composer, le mode d'élection à adopter, quels seraient pour ses membres les conditions d'éligibilité et les pouvoirs dont ils seraient investis dans les questions d'intérêt général telles que l'Assistance publique, l'Instruction professionnelle, la vicinalité, surtout quand ces questions prennent un caractère d'intérêt local tout particulier.

Ce qui fait la faiblesse des conseils d'arrondissement, c'est l'absence d'un budget qui leur soit propre, en accordant ce budget au conseil cantonal, nous aurons à voir à l'aide de quelles ressources il sera constitué. Nous parlerons aussi des conférences intercantonales qui serviront à régler les intérêts communs à plusieurs cantons. Enfin nous verrons que sous d'autres noms il existe à l'étranger des assemblées qui ressemblent en tous points à celle que nous proposons de créer en France, et que cette réforme, par suite, n'est en rien une innovation.

CHAPITRE PREMIER

NÉCESSITÉ D'UNE UNITÉ INTERMÉDIAIRE ENTRE LE DÉ-
PARTEMENT ET LES COMMUNES. — LE SYNDICAT DES
COMMUNES IMPRATICABLE EN FRANCE. — POURQUOI
L'ARRONDISSEMENT SEMBLE NE POUVOIR ÊTRE CET IN-
TERMÉDIAIRE.

« L'objection la plus sérieuse qui ait arrêté les partisans de la décentralisation, dit M. Goblet, est tirée du fractionnement excessif du territoire et de l'absence, dans notre organisation administrative, de toute unité intermédiaire entre le département et le grand nombre des petites communes qui le composent. » En effet, il n'y a peut-être pas de pays dans le monde où la commune rurale soit aussi fractionnée qu'en France. La commune, survivance des anciennes paroisses, a des limites trop étroites et des ressources trop restreintes généralement pour s'acquitter du rôle qu'elle doit jouer. Il y avait en 1895, 17.219 communes de moins de 500 habitants et 31.450 de moins de 1500. Et cependant on ne peut songer un seul instant à adopter deux régimes différents, l'un pour les communes pauvres et peu importantes qui seraient placées sous un régime autoritaire ; l'autre pour les communes riches et peuplées qui seraient privilégiées. Nous sommes trop partisans, en France, de l'égalité, pour qu'une pareille combinaison soit favorablement accueillie. Opérer la formation de grandes communes en réunissant ensemble celles qui, voisines, n'atteindraient pas un chiffre déterminé d'habitants n'est pas moins impraticable. C'est moralement sinon matériellement impossible. « Toutes les fois qu'à force de peser sur les communes en faisant intervenir et le pouvoir central et le conseil général, après les enquêtes et sous l'empire d'une nécessité impérieuse, on y est arrivé très exceptionnellement, la réunion n'a été que fictive, la division a continué de subsister, division d'autant plus ardente, dissentiments d'autant plus passionnés que les intérêts sont plus rapprochés et en contact plus direct » (O. Barrot). On se heurterait en outre à des susceptibilités locales dont le principe ne laisse pas que d'être des plus louables, puisque, au fond, c'est l'amour de la petite patrie, et on ne réussirait pas à faire quelque chose de durable. Qu'on nous permette de **citer** un exemple.

La petite commune que nous habitons compte le chiffre considérable de 350 habitants. Cinq cents mètres à peine la séparent d'une commune de 40 électeurs pendant qu'à l'extrémité opposée, à 200 mètres, se trouve un minuscule hameau s'enorgueillissant des 23 électeurs qui le composent. Ces trois agglomérations ont chacune une école mixte. Il faut donc subvenir aux frais de trois écoles séparées. Dans l'un des deux petits villages, il n'y a guère

à l'école que les enfants de l'instituteur quand celui-ci
en a. Pénétré de l'inutilité d'une triple dépense et plus
encore peut-être des inconvénients des écoles mixtes
dont l'un des principaux réside dans l'impossibilité pour
les enfants de suivre les cours après 13 ans, on avait
proposé de supprimer les écoles dans les deux petites
localités et de créer dans la plus importante, occupant
la situation centrale, une école de filles. Les habitants
des pays ainsi privés de leurs écoles ne nièrent pas les
avantages de cette combinaison qui supprimait la pro-
miscuité fâcheuse de l'école mixte, la distance était tellement insignifiante qu'ils n'invoquèrent jamais l'éloi-
gnement pour s'opposer à sa réalisation. La passion se
mit néanmoins de la partie. Nos bons villageois virent
dans cette mesure, dont ils ne contestaient pas l'utilité,
une atteinte à une autonomie dont ils sont d'autant plus
jaloux que déjà ils dépendent du village central pour le
culte. L'une des lumières de l'une de ces petites communes déclara : « Nous lutterons autant qu'il le faudra ;
mais nous ne consentirons jamais à cette mesure, qui
n'est, réfléchissez-y bien, que le premier pas vers l'an-
nexion. Qu'eût-ce été donc, si on avait proposé cette an-
nexion ? C'est bien là la tendance indiquée par M. Ferdinand Dreyfus : « si petite vie qu'on mène, on tient à
vivre, à garder son clocher et sa mairie, à rester isolé
chez soi et même à s'isoler davantage ».

La Constitution de l'an III n'a pas réussi dans son
essai de cantons-communes parce qu'elle n'a jamais pu

vaincre la résistance, faite d'inertie, des communes rurales. On peut déplorer avec M. Odilon Barrot cet égoïsme
local qui fait que chaque petite fraction de territoire se
considère comme un État séparé, s'isole, et que telle
fraction résiste à une amélioration parce que telle autre
fraction voisine doit en profiter, mais il faut le constater.

Seraient-elles animées d'un tout autre esprit que les
communes, même y consentant, ne pourraient seules
réaliser certaines améliorations. Il est assez naturel
qu'un grand nombre des 36.000 communes de France
ne contienne pas une pléiade d'hommes éclairés.

Nous ne partageons pas complètement — est-ce parce
que nous habitons un tout petit village ? — l'opinion
pessimiste de M. Ferdinand Dreyfus. Il est peut-être
exagéré de dire que les instructions administratives sont
des grimoires pour tous ceux auxquels elles s'adressent.
On ne trouverait peut-être plus beaucoup de maires
comme celui dont parlait M. Jaubert en 1837 : « J'ai
connu, dit-il, un maire, qui depuis 20 ans qu'il était
maire mettait dans un coffre toutes les lettres et circulaires qu'il recevait de la préfecture et, quand on lui demandait des renseignements, il donnait la clef du coffre ;
voilà comme beaucoup de maires administrent. » Nous
n'oserions pas dire, que sans chercher très loin, nous n'en
trouverions pas encore de cette force ; mais pas « beaucoup ». C'est devenu, croyons-nous, la très rare excep-
tion. Les temps sont changés, depuis l'époque où M. de

Crisenoy écrivait : « Le budget est presque une énigme
pour les trois quarts des conseillers municipaux et des
maires, les secrétaires qui sont presque partout les
instituteurs n'en savent pas plus long. Personne ne se
trouvant en état de dresser les budgets et les comptes,
ce sont les percepteurs qui s'en chargent, et les conseillers municipaux se contentent d'y apposer leur signature
sans chercher à comprendre tant qu'il n'y figure pas
quelque imposition nouvelle. »

On n'en est heureusement plus là ; mais il n'en est
pas moins vrai que, s'il est possible de trouver dans
presque toutes les communes deux ou trois hommes
éclairés, capables de comprendre les circulaires dont le
style administratif ne brille pas toujours par une excessive clarté, il est très exceptionnel d'y rencontrer les
éléments d'un conseil capable d'exercer le pouvoir municipal. Et ici l'on peut avec M. Odilon Barrot constater qu'il n'y a pas une parfaite concordance entre
l'immense importance des attributions de ce pouvoir
et le personnel des hommes appelés à l'exercer, que
dans un grand nombre de communes on sent l'insuffi-
sance des éléments mêmes qui sont appelés à exercer
des attributions si exorbitantes.

Une autre cause de la faiblesse des communes, c'est
l'absence de ressources pécuniaires. Rares sont celles
auxquelles leurs revenus permettraient de créer des
établissements de bienfaisance ou des hospices, institutions qui ne peuvent être établies qu'avec un certain
capital.

Comme nous l'avons déjà vu la rivalité qui existe toujours entre les différentes communes s'opposera souvent à la réalisation de certains projets présentant un intérêt collectif ; la mauvaise volonté d'une seule peut paralyser souvent les efforts de toutes les autres. L'entretien des routes, les questions de salubrité, de police embrassent plusieurs communes et ne se concentrent pas dans le territoire d'une seule.

Quant au département, il est trop vaste pour la satisfaction des mille besoins locaux qui à chaque instant peuvent se faire sentir ; il ne peut descendre à des questions fort intéressantes, mais de détail et parfois changeantes. Il est d'ailleurs trop éloigné pour apprécier utilement les besoins des diverses petites communes.

Il faudrait donc créer entre la commune et le département, un organisme intermédiaire assez rapproché des communes pour bien connaître leurs besoins, tout en se tenant à l'écart des divisions et des querelles locales et en se débarrassant de la routine et des préventions particulières. Mais, dira-t-on, le conseil d'arrondissement est cet organisme que vous demandez. Nous ne le croyons pas.

La France se divise en quatre catégories de circonscriptions : le département. l'arrondissement, le canton et la commune.

Alors que, dans toutes les assemblées, on a accepté presque sans opposition deux des organismes administratifs, le département et la commune, ce qui suscita de grandes difficultés et des controverses nombreuses, ce fut de savoir quels seraient la nature et le rôle des divisions intermédiaires. On ne tomba pas même d'accord sur la nécessité de la coexistence des deux rouages. De guerre lasse, pour ainsi dire, on attribua un rôle différent et à l'arrondissement et au canton. Ce dernier ne fut plus qu'une simple division territoriale. Le rôle prépondérant fut donné à l'arrondissement, ce fut une faute, il eût dû être donné au canton.

L'arrondissement est trop étendu, ses habitants trop éloignés les uns des autres pour s'entendre sur les affaires qui surviennent et trancher les difficultés courantes. Il n'y a presque jamais ni cohésion, ni communauté d'intérêts entre les communes qui le composent. De grandes villes ont à côté d'elles des villages. Parfois des pays d'herbages sont soudés à des pays agricoles ou à des contrées couvertes de forêts, ou encore à des ports maritimes. Agriculture proprement dite, élevage, industrie, commerce ont ainsi des intérêts divers et souvent contraires. Toute entente est impossible.

« Aussi, comme l'a dit M. Goblet, l'arrondissement, malgré la consécration de son existence légale, n'a-t-il jamais réussi à se développer comme centre d'activité administrative et se trouve-t-il réduit, en réalité, au simple rôle de circonscription judiciaire et électorale. »

Il peut se trouver dans une circonscription aussi vaste que l'arrondissement, au point de vue, par exemple, des questions de protection et de libre échange des intérêts absolument opposés. La moitié de l'arrondissement en vignobles voudra voir prédominer les idées libres-échangistes, l'autre moitié produisant des céréales ne verra de salut possible que dans l'application des tarifs protecteurs. Il n'en sera pas de même dans le canton trop restreint pour que l'on ait occasion d'y rencontrer deux genres de production différents.

On a fait valoir pour soutenir le Conseil d'arrondissement certaines raisons très spéciales. L'arrondissement, a-t-on dit, est une circonscription politique par le système électoral, judiciaire par le Tribunal civil, administrative par la Sous-Préfecture ? Serait-ce une raison pour que son chef-lieu fût le centre des délibérations sur les intérêts locaux ? D'abord rien ne prouve que nous conserverons le scrutin d'arrondissement. Les critiques fondées que l'on adresse à ce mode électoral dont le vice principal est que l'on vote beaucoup plus pour des personnalités que sur des principes et des programmes, où la corruption est facile, en auront peut-être raison. Quant au Tribunal civil, les petits procès fréquents dans les communes où les grosses affaires sont rares n'y arrivent pas souvent. Leurs habitants ont bien plus à faire avec la justice de paix où tous les procès viennent par le préliminaire de conciliation, première étape où s'arrêtent la plupart. On parle toujours d'augmenter la compétence des juges de paix. L'utilité de cette réforme généralement reconnue n'empêchera pas leur juridiction de rester exclusivement cantonale. Pour le Sous-Préfet, nous ne voyons pas pourquoi sa présence au chef-lieu de l'arrondissement en ferait le centre des délibérations sur les intérêts locaux. Nous croyons au contraire l'intervention du pouvoir central absolument inutile dans un grand nombre de questions qui n'intéressent qu'une partie très restreinte de la population, celle-ci peut très bien être seule juge dans beaucoup de cas de ce qu'elle croit conforme à ses intérêts particuliers.

L'arrondissement a aussi pour lui d'exister comme organisme administratif depuis longtemps. Voltaire disait plaisamment que ce n'est pas une raison parce que les fouines existent depuis plus de 5000 ans pour qu'il ne faille pas les détruire ; disons aussi que ce n'est pas une raison parce qu'une chose mauvaise ou défectueuse en elle-même a résisté plus ou moins longtemps à de légitimes critiques pour qu'elle soit purgée de tous ses vices. La suppression du Conseil d'arrondissement, malgré son ancienneté, ne créera aucun vide. Ses attributions sont tellement insignifiantes que sa disparition ne jettera aucun trouble dans l'Administration départementale. Cela est si vrai que très fréquemment elle a été demandée, même par des membres de ce Conseil. En 1827, sous le ministère Martignac, un projet soumis à la Chambre supprimait le Conseil d'arrondissement et le remplaçait par le Conseil cantonal. En 1831, un très vif débat s'engagea à nouveau et il s'en fallut de peu que les Conseils d'arrondissement n'eussent vécu. Leur seule utilité est de permettre à quelques vanités individuelles de se produire ; mais, comme le fait remarquer M. Odilon Barrot, il y a peut-être quelque danger à jouer ainsi aux élections ; le peuple n'a déjà que trop de tendance à se désintéresser du vote et les abstentions à se multiplier. Ne nous exposons pas à ce que l'électeur ne distingue plus la différence qui existe entre une grave consultation et une puérilité qui consiste à nommer des « intermédiaires entre le pouvoir et les pétitionnaires ». Les élus eux-mêmes prennent si peu leur rôle au sérieux, qu'on a parfois beaucoup de peine à les rassembler et à en obtenir les actes pour lesquels ils sont institués. « L'espèce d'apathie » résultant de la conscience de l'inutilité de leur rôle qui s'est emparée de ces conseils ne date pas d'aujourd'hui. M. Daunou en 1829 la constatait déjà. On sait aussi avec quelles difficultés les citoyens se déplacent, même pour remplir les fonctions les plus sérieuses, lorsqu'elles les obligent à s'éloigner et pour longtemps de leurs familles ou de leurs affaires, on comprend qu'ils aient encore plus de répugnance à s'y résigner pour se rendre à des assemblées où leur rôle est insignifiant. N'a-t-on pas dit avec raison que l'arrondissement était une fiction légale, une création imaginaire, admise en 1790 à la demande de quelques villes qui voulaient devenir des chefs-lieux, ou posséder quelques-uns de ces établissements publics que l'on devait y affecter, cette fiction fut d'autant plus facilement admise qu'elle permettait à la centralisation de se développer plus librement, grâce à l'opposition des intérêts dans l'arrondissement, opposition qui rendait impossible toute revendication, fût-elle des plus fondées, des plus légitimes.

CHAPITRE II

LE CANTON. SA SUPÉRIORITÉ SUR L'ARRONDISSEMENT COMME ORGANISME INTERMÉDIAIRE. LES DIFFÉRENTS PROJETS PROPOSÉS.

Nous voyons donc qu'il est des intérêts que ne peut pas embrasser la petitesse des communes ; mais qui ne sont pas pour cela « arrondissementaux ». Il est, en effet, difficile de concevoir des intérêts locaux qui soient à la fois communs aux cantons ruraux arbitrairement associés en un arrondissement et distincts des intérêts des cantons formant l'arrondissement voisin ; ces intérêts ce sont ceux des cantons qui existent par eux-mêmes, indépendamment de toute disposition législative, presque au même titre que les communes. M. Lherbette, en 1837, répondait à l'objection tirée de la spécialité des intérêts communaux, d'où l'on concluait que les conseils municipaux qui statuaient sur ces intérêts étaient suffisants, que cette « spécialité » était plus apparente que réelle. « La plupart des communes, toutes les petites, ont surtout des intérêts excentriques, des intérêts qui naissent de leurs rapports avec d'autres communes. Ces intérêts sont relatifs aux chemins, aux canaux, aux digues, ponts, foires annuelles, marchés hebdomadaires, hospices, comités, pour l'instruction primaire. Or, quel en est le centre ? Le canton. » Il s'étend sur un territoire restreint que les habitants connaissent, où leurs besoins journaliers les réunissent. Cela est si naturel que le travail d'organisation cantonale se fait de lui-même, presque à l'insu des pouvoirs publics ; chaque fois qu'un nouveau service est constitué, c'est au chef-lieu de canton presque toujours que ce service est centralisé. En l'an VIII, après les essais tentés par la Constitution de l'an III, la réaction contre cette organisation fut telle que l'on évitait même de prononcer le mot de canton. Pour réussir dans son œuvre de centralisation excessive et de despotisme, le Consulat avait bien plus de chances de succès avec des petites municipalités sans forces, ignorantes de leurs droits, qu'avec des municipalités agglomérées en un conseil vigoureux doué d'initiative et d'indépendance. Le canton est un intermédiaire si normal, si naturel, que la loi du 8 pluviôse an IX sur les justices de paix, dut déclarer la juridiction du juge de paix exclusivement cantonale, sans toutefois se servir de ce terme mis en interdit. En 1815, les opérations électorales politiques ont lieu au chef-lieu de canton. Quand on voulut, à côté des inspecteurs primaires, créer de nouveaux inspecteurs choisis parmi les citoyens, ce furent des délégués cantonaux que l'on institua. En matière religieuse c'est au chef-lieu de canton que siège le doyen réunissant sous son autorité les desservants des communes ; enfin c'est là que se font les

opérations du recrutement et de la formation de la liste
du jury.

Il y a peu de temps, on proposait de transporter la
conservation des hypothèques du chef-lieu d'arrondissement au chef-lieu de canton et toutes les fois que l'on
touche à la compétence judiciaire, on parle d'augmenter les attributions des juges de paix au détriment des
Tribunaux de première instance. Puisque nos mœurs,
nos usages s'accordent à merveille avec l'idée cantonale
qui pénètre de plus en plus notre organisation, on peut
se demander avec M. Antonin Dubost pourquoi alors
ne pas reconnaître franchement au canton une personnalité civile et administrative ? Pourquoi n'en pas faire
un point de repère légalement admis et reconnu ? Pourquoi ne pas mettre en évidence l'existence du canton et
le constituer dès à présent sur des bases suffisamment
solides pour permettre graduellement son extension et
son développement administratifs ?

Ce ne fut pas ainsi que le rôle du canton avait été compris à l'origine ; à Mirabeau qui ne voulait pas de cantons, Thouret répondait : « les cantons ne peuvent être
considérés comme des divisions politiques ; le mot canton équivaut à l'expression 4 lieues carrées de pays et
sert à désigner des lieux de rassemblement pour les élec=
tions ». C'était donc une simple division territoriale.
Boissy d'Anglas, parlant au nom de la Commission des
Onze (1), voulait faire du canton une division administra-

(1) Membres de la Commission des Onze : Laréveillère-Lepeaux,

tive. Les travaux de cette commission aboutirent au projet de constitution qui fut voté le 5 fructidor en l'an III.

a) *Organisation du canton sous la Constitution de l'an III.* — Ce ne fut qu'après d'assez vifs débats que la division des départements en cantons fut adoptée et fit l'objet de l'article 5 de la Constitution de l'an III. Voici comment cette Constitution organisait le canton ainsi créé dans son titre VII, des corps administratifs et municipaux. La Constitution commence par faire une distinction entre trois sortes de communes : toute commune dont la population compte 5.000 habitants ou plus sans excéder 100.000, a pour elle seule une administration municipale. Dans les communes où la population est inférieure à 5.000 habitants, il n'y a qu'un agent municipal et un adjoint. La réunion des agents municipaux de chaque commune forme la municipalité de canton. Il y a de plus un président de l'administration municipale choisi dans tout le canton.

Pour les communes à partir de 5.000 habitants, le nombre des officiers varie suivant la population. Il y en a 5 dans les communes dont la population s'élève de 5 à 10.000 habitants ; sept de 10 à 50.000, neuf depuis 50.000 jusqu'à 100.000. Dans les communes dont la population excède 100.000 habitants, il y a au moins trois administrations municipales, chaque municipalité est composée de 7 membres. Il y a dans les communes

Thibeaudeau, Lesage, Boissy d'Anglas, Louvet, Berlier, Daunou, Lanjuinais, Durand-Mailland, Baudin et Creusé-Latouche.

divisées en plusieurs municipalités un bureau central
pour les objets jugés indivisibles par le Corps législatif.
Ce bureau est composé de 3 membres nommés par l'administration du département et confirmés par le pouvoir exécutif (art. 184).

Les membres de toute administration municipale
sont nommés pour deux ans et renouvelés chaque année par moitié ou par partie la plus approximative de
la moitié et alternativement par la fraction la plus forte
et par la fraction la plus faible (art. 185).

Les administrations (départementales et) municipales ne peuvent modifier les actes du Corps législatif, ni
ceux du Directoire exécutif, ni en suspendre l'exécution.
Elles ne peuvent s'immiscer dans les objets dépendant
de l'ordre judiciaire. Les administrateurs sont essentiel-
lement chargés de la répartition des contributions directes et de la surveillance des deniers provenant des
revenus publics dans leur territoire. Le Corps législatif
détermine les règles et le mode de leurs fonctions, tant
sur ces objets que sur les autres parties de l'administration intérieure.

Une longue discussion s'engagea sur l'article 191
ainsi conçu : Le Directoire exécutif nomme auprès de
chaque administration départementale et municipale
un commissaire qu'il révoque lorsqu'il le juge conve-
nable ; ce commissaire surveille et requiert l'exécution
des lois. Cet article fut énergiquement défendu par
Daunou qui s'exprimait ainsi : « Le gouvernement doit

être partout, il doit tout voir avec netteté, tout apprendre rapidement, tout connaître avec certitude ; il doit être en quelque sorte sensible en chaque point du territoire de la République ; vous ne pouvez donc lui refuser des commissaires, vous ne pouvez le priver du droit de les choisir, de les destituer à son gré, car, à proprement parler, ce n'est point avoir d'agents que d'avoir ceux dont on ne veut pas. On voit par ces lignes combien les idées de décentralisation étaient loin de l'esprit des membres de la Commission des Onze. Ce n'était que « par respect pour des habitudes consacrées durant la Révolution que la commission s'était bornée à demander pour le gouvernement la nomination d'un seul fonctionnaire par lequel il soit du moins représenté : dans la rigueur des principes il faudrait attribuer au Directoire exécutif le choix de tous les administrateurs locaux » (Daunou).

On craignait tellement le réveil de l'esprit local qu'après avoir adopté malgré l'opposition de Delacroix l'article de la Commission devenu l'article 181, on faillit repousser la disposition additionnelle qui forme l'article 182 et qui était soutenue par la Commission. Le commissaire près de chaque administration locale doit être pris parmi les citoyens domiciliés depuis un an dans le département où cette administration est établie. Louvet (de la Somme) s'opposa à l'adoption de cet article. « Il faut, disait-il, affaiblir cette influence de l'esprit de localité ; un bon moyen d'y arriver, ce serait de prendre le principal agent de l'action du Gouvernement dans un pays absolument étranger à celui où il devait être employé. » L'article de la Commission fut cependant adopté.

Nous avons insisté sur les discussions engagées sur ces articles parce qu'elles nous semblent démontrer qu'en organisant le canton, la Commission des Onze et la Convention qui adopta son projet ne se préoccupaient nullement de la décentralisation et ne songeaient pas à donner la moindre autonomie aux pouvoirs locaux. Cette préoccupation de conserver au Gouvernement la haute main sur ces pouvoirs s'affirme encore dans les articles suivants. La Constitution de l'an III subordonne les administrations municipales aux administrations de département et celles-ci aux ministres. En conséquence, les ministres peuvent annuler, chacun dans sa partie, les actes des administrations de département et, celles-ci les actes des administrations municipales, lorsque ces actes sont contraires aux lois ou aux ordres des autorités supérieures, et les administrations de département ont le même droit à l'égard des membres des administrations municipales (194). Aucune suspension ni annulation ne devient définitive sans la confirmation formelle du Directoire exécutif qui peut du reste annuler immédiatement les actes des administrations municipales. Il peut aussi suspendre ou destituer immédiatement les administrateurs de canton. Tout arrêté portant cassation d'actes, suspension ou destitution d'administrateurs doit être motivé. Les assemblées de canton ne peuvent correspondre entre elles que sur les affaires qui leur sont attribuées par la loi et non sur les intérêts généraux de la République.

Quoique très explicite, la Constitution de l'an III ne réglait pas tous les détails de l'organisation cantonale. La loi du 21 fructidor de la même année votée sur le rapport présenté par Berlier, au nom de la Commission des Onze, comme loi d'exécution du titre VII, combla cette lacune ; cette loi décide que le président de l'administration municipale sera élu pour deux ans dans les municipalités de canton, provenant de la réunion des agents de plusieurs communes, pour un an dans les autres. Elle fixe à quatre mois au minimum les réunions que devront tenir les administrations municipales de canton représentant les petites communes. Pour les municipalités des communes de 5.000 habitants et plus, elles tiendront des séances au moins de quatre jours l'une, dans les communes dont la population excède 20.000 habitants et de huit jours l'une dans les autres communes. Elle décide en outre que toute délibération municipale, pour être valable, doit être arrêtée par la moitié plus un des membres et par la majorité relative des présents ; elle donne aux commissaires du Directoire exécutif près les administrations séance dans toutes les délibérations, et il ne pourra en être pris aucunes qu'après qu'il aura été entendu. Ce commissaire n'aura en aucun cas voix délibérative.

Enfin la loi du 21 fructidor règle les attributions des administrations municipales.

Les administrations municipales soit de canton et autres, connaîtront dans leur ressort : 1° des objets précédemment attribués aux municipalités ; 2° de ceux qui appartiennent à l'administration générale et que la loi déléguait aux districts.

Les attributions des municipalités avaient été réglées par la loi des 14-18 décembre 1789, rendue sur le rapport de Thouret. C'est donc à elle qu'il faut se reporter pour connaître des objets qui seront maintenant soumis aux délibérations des nouveaux conseils. Les fonctions propres au pouvoir municipal sous la surveillance et l'inspection des assemblées administratives sont :

De régir les biens et revenus des communes, des villes, bourgs, paroisses et communautés ;

De régler et d'acquitter celles des dépenses locales qui doivent être payées de deniers communs ;

De diriger et faire exécuter les travaux publics qui sont à la charge de la communauté ;

D'administrer les établissements qui appartiennent à la commune, qui sont entretenus de ses deniers, ou qui sont particulièrement destinés à l'usage des citoyens dont elle est composée ;

De faire jouir les citoyens des avantages d'une bonne police, notamment de la propreté, de la salubrité et de la tranquillité dans les rues, lieux et édifices publics.

A ces fonctions communales et d'intérêt purement

local, le législateur de 1789, afin de centraliser le moins possible l'administration, avait ajouté quelques-unes des attributions du pouvoir exécutif, qu'il avait déléguées au pouvoir municipal en l'autorisant à les exercer en même temps que ses propres attributions. Les fonctions ainsi déléguées sont énumérées dans l'article 51. Elles comprennent :

La répartition des contributions directes contre les citoyens dont la communauté est composée :

La perception de ces contributions ;

Le versement de ces contributions dans les caisses des districts ou des départements ;

La direction immédiate des travaux publics dans le ressort de la municipalité ;

La régie immédiate des établissements publics destinés à l'utilité générale ;

La surveillance et l'agence nécessaire à la conservation des bâtiments publics ;

L'inspection directe des travaux de réparations ou de reconstructions des églises, presbytères et autres objets relatifs au service du culte religieux ;

Les administrations de canton, dit la loi de fructidor, connaîtront aussi des objets qui appartiennent à l'administration générale et que la loi déléguait aux districts.

C'est dans la loi du 22 décembre 1789 que nous verrons quelles furent ces attributions ainsi déléguées. Cette loi dit à la section III, article 1ᵉʳ : Les administrations de département seront chargées de répartir toutes les contributions directes imposées à chaque département. Cette répartition sera faite par les administrations de département entre les districts de leur ressort et par les administrateurs de district entre les municipalités. Elles seront encore chargées de toutes les parties de l'administration générale, notamment de celles qui sont relatives : 1° au soulagement des pauvres et à la police des mendiants et vagabonds ; 2° à l'inspection et à l'amélioration du régime des hôpitaux, hôtels-dieu ; 3° à la surveillance de l'éducation publique et de l'enseignement politique et moral ; 4° à la conservation des propriétés publiques, au maintien de la salubrité, au service et à l'emploi des milices ou gardes nationales.

Les administrations de district ne participeront à toutes ces fonctions dans le ressort de chaque district que sous l'autorité interposée des administrations de département.

Tel est dans ses grandes lignes le système d'organisation cantonale qui résultait de la Constitution de l'an III. Il maintenait dans une très large mesure la tutelle administrative, même pour les affaires d'intérêt purement local ; l'administration de canton n'avait jamais un pouvoir de décision propre. Cela s'explique aisément. Les auteurs de la Constitution, Sieyès, Daunou, Boissy d'Anglas, Thibeaudeau étaient, comme toute l'assemblée du reste, attachés à la doctrine de Rousseau, qui est incompatible avec l'indépendance à

un degré quelconque des diverses parties de la société.
Pour eux toute décentralisation était du fédéralisme,
c'est-à-dire une atteinte à la souveraineté du peuple.
Dans la séance du 5 Messidor an III, le rapporteur de la
commission, Boissy d'Anglas, s'exprimait ainsi : « Les
547 districts, les 44.000 municipalités étaient une su-
perfétation dangereuse ; cette immensité d'administrateurs tous agissant à la fois trop souvent dans des direc-
tions contraires était dans le corps politique un germe
d'anarchie et de mort » et dans la discussion sur l'article
qui créait des commissaires du Gouvernement près des
administrations locales, Thibeaudeau, l'un des membres du comité de constitution, alla jusqu'à dire : « Le
pouvoir exécutif n'est pas seulement dans le Directoire,
mais encore dans les administrations départementales
et municipales ; ces autorités sont des « agents » et ne
sont que cela. » Voilà pourquoi le texte de la Constitution de l'an III ne sépare pas l'administration départementale de l'administration municipale et en traite
simultanément dans son titre VII comme si elles ne
faisaient qu'un même tout (art. 174 à 198).

Annulation des actes, rénovation des administrateurs, pour désobéissance, non pas seulement aux lois,
mais aux ordres de l'autorité supérieure, tout est prévu,
et les précautions sont bien prises pour que cette autorité supérieure ne soit jamais désarmée.

Outre cette tutelle exagérée sur les administrations
municipales, la Constitution de l'an III avait le tort de ne

pas leur donner de budget. Les lois de finances, en effet, qui mirent le budget départemental et municipal en rapport avec cette nouvelle organisation prouvent que, dans la pensée des rédacteurs de cette Constitution, le département ni le canton n'avaient pas par eux-mêmes d'existence propre. Sans doute, on se gardait bien de supprimer les sous additionnels qui avaient constitué le budget départemental, de sorte que ce budget parut exister encore, loi du 28 messidor an IV ; mais ce n'était là qu'un trompe-l'œil, la loi du 9 germinal an V relative à la répartition et au recouvrement des contributions foncière et mobilière portait : 1° que les centimes additionnels de la contribution foncière seraient une masse commune à tous les départements ; 2° que les centimes additionnels de la contribution foncière et mobilière ne feraient point masse commune ; mais seraient destinés dans chaque département aux dépenses, tant des administrations municipales de canton que des administrations communales. Le budget de chaque département disparaissait donc dans une masse commune sur laquelle les frais de son administration étaient pris ; quant aux centimes additionnels que la loi déclarait ne pas faire masse commune, ils faisaient en réalité une deuxième masse commune, mais dans chaque département pour payer toutes les administrations de canton et de commune. Donc ni le département, ni le canton, ni la commune n'avaient de budget propre et si l'on conservait la distinction entre les dépenses départementales et cantonales, c'est qu'elle était nécessaire pour fixer le chiffre de centimes qui seraient affectés à ces diverses dépenses. C'était l'annihilation du département, du canton et de la commune, car la première condition de leur personnalité et de leur vie, c'est un budget spécial.

Ce système ne donna que de fâcheux résultats, les administrations locales avaient continué à recouvrer l'impôt pour le compte de l'État; mais elles n'avaient plus aucun intérêt direct à faire rentrer activement cet impôt, *ni à mettre de l'économie dans leurs dépenses*; aussi, pour remédier à cet inconvénient, une loi du 15 frimaire an VI vint-elle établir des budgets spéciaux pour les départements, les cantons et les communes; mais aucune de ces circonscriptions ne pouvait prendre de décisions; c'était l'administration cantonale qui fixait les dépenses de la commune, c'était cette même administration qui fixait ce que la commune devait payer dans le sou pour livre prélevé pour l'ensemble des dépenses du département et de la commune. Le département pour couvrir ses dépenses s'imposait jusqu'à un maximum de 10 centimes additionnels aux contributions foncière et personnelle, mais le nombre des centimes n'était arrêté définitivement que par le ministre. En dehors de ces inconvénients, le système de l'an III avait surtout le tort de faire violence à des intérêts très légitimes. La vie municipale était centralisée au canton; la plupart des communes perdaient toute délibération sur leurs intérêts particuliers, elles ne gardaient que l'exécution subordonnée aux décisions de l'administration du canton. C'était la destruction de l'individualité communale, il n'y avait plus de communes, mais seulement des sections de communes. La commune, c'était le chef-lieu de canton. On ne peut songer à appliquer ce système, condamné du reste par l'expérience. « S'il y a quelque chose de sacré et de respectable au monde, c'est l'individualité communale ; c'est là que sont les souvenirs de la naissance, c'est là qu'est la religion des tombeaux, c'est là que sont les affections, c'est là que sont les intérêts ; c'est là qu'est toute la vie sociale et intéressée des citoyens. Respectons donc l'individualité communale. Point d'absorption, point de confiscation de cette individualité. C'est aussi la famille ; c'est une espèce de famille » (Odilon Barrot).

Ce système dura peu, outre ses vices propres, des difficultés politiques et la guerre civile ne contribuèrent pas peu non plus à compromettre le sort des nouveaux conseils. Les électeurs par suite de l'indifférence générale pour les affaires publiques n'avaient pas, dans beaucoup de cantons, nommé leurs représentants dans les administrations municipales. Dans l'Ouest, par suite de la guerre civile, ces administrations ne purent être formées. Enfin beaucoup des administrateurs municipaux ne faisant rien par eux-mêmes, il y eut des abus commis qui firent détester la nouvelle organisation ; aussi la Constitution de l'an VIII marque-t-elle l'empreinte de cette hostilité générale contre le système cantonal.

b) La question de l'organisation cantonale fut agitée de nouveau, nous l'avons vu, en 1831, 1833, 1837 ; mais aucun des projets n'aboutit. Il faut aller jusqu'à 1848 pour trouver une manifestation plus positive en sa faveur. Ce fut l'occasion d'un débat considérable. La discussion se prolongea pendant trois séances (*Moniteur* des 19, 20 et 21 octobre 1848), elle porta surtout sur l'adoption du projet instituant des conseils cantonaux, et non sur la façon dont ils fonctionneraient, ni sur leurs attributions. Cette discussion fut beaucoup plus théorique que pratique.

Béchard prononça le premier un long discours dans lequel il traite de la question générale de la centralisation et de la décentralisation. Il distingue la centralisation administrative de la centralisation politique. Il est attaché à la première, qu'il considère comme un principe de force et de grandeur qui d'une société multiple, diverse, fractionnée, a fait la nation la plus une, la plus compacte de l'Europe, par son territoire, par sa langue, par ses lois, par ses mœurs, par tout ce qui constitue l'individualité nationale. Il attaque la centralisation administrative : « Le droit des habitants de chaque cité d'administrer par des mandataires élus leurs intérêts purement locaux est un droit primitif, naturel, imprescriptible et le droit de l'État se borne à l'administration des intérêts généraux et à la surveillance des empiétements que les administrations locales pourraient se permettre sur la politique et sur l'administration générale. Il demande donc qu'il y ait des mandataires élus chargés de la gestion des intérêts locaux et des agents du pouvoir exécutif chargés de veiller aux intérêts généraux : « ces deux mots, centralisation politique, décentralisation administrative, voilà ce que, je l'espère, l'assemblée adoptera. » Charles Dupin prit la parole après lui pour combattre ses théories.

Pascal Duprat parla dans le même sens que Béchard ; mais il entre plus spécialement dans le sujet qui nous occupe. Développant son projet, il s'exprime ainsi : « Les unités communales consacrées par le système actuel subsisteraient encore ; mais par l'organisation cantonale que je vous propose, vous pourrez grouper les forces dispersées et loin de travailler à la division, vous travaillerez, au contraire, à l'organisation de l'unité nationale des forces françaises. Sans déranger les habitudes locales, sans troubler les souvenirs locaux, vous décuplerez les forces des communes que l'isolement dévore. » Sur l'adoption même du paragraphe 3 de l'article 74 du projet de la Commission remplaçant les conseils d'arrondissement par des conseils cantonaux, une grave discussion s'engagea entre Luneau, de Larcy et Odilon Barrot. Luneau voulait réserver la question ; on ne pouvait pas, prétendait-il, traiter avec toute l'ampleur nécessaire et suffisamment en connaissance de cause la question de cette suppression ou de ce remplacement d'un conseil par un autre. M. de Larcy développa un amendement dans le même sens. Au nom de la Commission, Odilon Barrot repoussa ces amendements et fit adopter l'article 74.

Lenglet (du Nord) proposa d'ajouter par amendement : néanmoins un seul conseil cantonal sera établi dans les villes divisées en plusieurs cantons. Admis par la Commission, cet amendement, défendu par son auteur et par Vivien au nom de la Commission, fut adopté et l'Assemblée nationale constituante dans la séance du 20 octobre vota la formule suivante : « Dans chaque canton un conseil cantonal, néanmoins un seul conseil cantonal sera établi dans les villes divisées en plusieurs cantons. »

Nous n'insistons pas sur ces débats parce que nous ne trouvons à cette époque aucun règlement sur la composition et les attributions du conseil cantonal : l'article 78 disait : « Une loi déterminera la composition et les attributions des conseils cantonaux et des conseils généraux. » Ce fut seulement en février 1849 qu'une proposition de loi sur ce sujet fut déposée par M. Raudot. Celle-ci fut renvoyée par l'Assemblée législative à l'examen du Conseil d'État. Dans le *Correspondant* de février 1863, Raudot écrit : « Ma proposition ayant été renvoyée à l'examen du Conseil d'État, je fus appelé à la soutenir devant ce conseil composé en grande majorité d'anciens administrateurs qui ne parurent pas trop étonnés de mes paroles ; je combattais cependant et je voulais renverser ce qui avait fait l'objet des études et

de l'administration de la plupart de ceux qui m'écou-
taient. » Nous connaissons les idées très spéciales de
Raudot sur ces questions. Le Conseil d'État, cependant,
modifia gravement ce projet en ce sens qu'il ne conférait aux conseils cantonaux que des attributions facul-
tatives. Le conseil cantonal aurait donné seulement
son avis sur les questions concernant l'agriculture, l'hygiène et la santé publiques ; il aurait chaque année fait
au préfet un rapport sur la police rurale, sur le service
des agents-voyers et des gardes-champêtres.

Mais à son tour la Commission de l'Assemblée législative devant laquelle le projet revint le remania profondément, en donnant au conseil des attributions plus
étendues et un rôle plus important que celui, très restreint, que lui assignait le projet du Conseil d'État. Odilon Barrot fut le rapporteur de ce nouveau projet.

Au point de vue de la composition, le rapporteur se
séparant du Conseil d'État qui appelait les conseillers
municipaux de chaque commune du canton à élire des
délégués pour constituer le conseil cantonal le formait
tout simplement de la réunion des maires de chaque
commune conformément à l'article 59 du projet de 1837,
article qui avait été rejeté à cette époque bien que brillamment soutenu par Odilon Barrot lui-même et par
Vivien. « Nous avons, dit le rapport, donné la préférence à ce système surtout par ce motif qu'il respecte
davantage les pouvoirs locaux existants (les maires devant être nommés par la loi municipale à l'élection). »

C'est le conseiller général qui présidera le conseil cantonal.

Au point de vue des attributions, la Commission de l'Assemblée législative conférait au canton la capacité de recevoir, de posséder et de contracter comme personne civile, mais n'osait pas le doter d'un budget. Toutefois, la Commission lui confiait la répartition des fonds appartenant aux établissements cantonaux d'assistance publique, la répartition entre les communes des fonds de secours et d'entretien mis à la disposition du canton. De sorte que, quoique n'ayant pas de budget à voter, le conseil cantonal pourrait cependant avoir et aurait dans certains cas des ressources à employer utilement ; mais c'est surtout sur la question de la sous-répartition de l'impôt qu'un débat prolongé s'était élevé au sein de la Commission. Le projet du Conseil d'État confiait cette sous-répartition à une sous-commission organisée dans le conseil général pour chaque arrondissement et composée des conseillers généraux nommés dans ledit arrondissement. La majorité finit par décider qu'il n'y avait pas de raisons suffisantes pour enlever aux conseils cantonaux une attribution qui appartenait aux conseils d'arrondissement auxquels ils succédaient.

En dehors de leurs pouvoirs propres, les conseils cantonaux avaient comme les conseils généraux la mission d'éclairer l'administration centrale sur toutes les questions touchant à l'intérêt cantonal. Et le rapporteur exposait ainsi le but que la Commission s'était proposé d'atteindre :

1° « Remédier autant que possible au morcellement trop grand des communes rurales, sans toucher à leur individualité, les éclairer et les fortifier, en créant entre elles un lien commun et en les dotant d'une sorte de représentation cantonale qui leur donnât le moyen de débattre et de défendre leurs intérêts communs ; 2° créer entre la commune et le département, entre l'autorité municipale et l'autorité départementale, un conseil intermédiaire assez rapproché des communes pour bien connaître leurs besoins, même pour exercer sur elles une influence favorable, assez éloigné cependant pour ne pas être asservi aux prétentions et aux routines locales. »

Le vice principal de ce projet, qui, déposé le 12 juillet 1851, ne vint jamais en discussion par suite du coup d'État était de ne pas donner le budget au canton. Il réalisait un progrès sur le système de l'an III en ce qu'il laissait leur individualité aux petites communes, mais les membres de la Commission de l'Assemblée législative dont Odilon Barrot résuma les travaux n'osèrent pas en donnant un budget au canton « hasarder une pareille innovation » (O. B).

c) Cette question de budget est, du reste, celle qui divise le plus les partisans des conseils cantonaux. Pour la première fois, nous voyons le canton doté d'un budget dans le projet déposé le 28 avril 1871 par MM. Waddington et de Barante.

En 1870 une Commission extra-parlementaire présidée par M. Odilon Barrot élabora un projet tendant à la suppression des conseils d'arrondissement et à leur remplacement par les conseils cantonaux. Mais il ne donnait pas de budget à ces nouveaux conseils.

MM. de Barante et Waddington réalisant ce progrès reprirent le projet Odilon Barrot ; voici quelles étaient les attributions et l'organisation des conseils cantonaux :

Attributions. Sous-répartition entre les communes du contingent des contributions directes, surveillance des écoles primaires, hygiène publique, formation des listes du jury. Les conseils cantonaux donnaient aussi leur avis sur certaines questions d'intérêt local.

Ce projet donne au canton la personnalité civile. Quant au budget, il n'est pas bien considérable, il est constitué d'une allocation du département, des dons et legs, des subventions de l'État, des fonds mis à la disposition du canton par les communes qui le composent ; et des centimes additionnels votés avec l'approbation de toutes les communes du canton.

Si ce budget est peu considérable, le projet Waddington eut du moins l'avantage de faire adopter le principe. Dans presque tous les projets qui se succèdent depuis cette époque le conseil cantonal est doté d'un budget de plus en plus important.

Dans le projet Ulric Perrot (27 mai 1871) le budget est à peu près le même que dans le projet précédent ;

mais les attributions du conseil cantonal sont très réduites : « il suffit de lui ouvrir largement le champ des discussions consultatives qui peuvent parfaitement suffire pour provoquer et entretenir l'activité municipale au sein des communes rurales trop morcelées. » Ce rôle effacé que M. Ulric Perrot donne au conseil cantonal s'explique aisément quand on sait qu'il conservait les conseils d'arrondissement et que même il était partisan de développer largement le cercle de leurs attributions.

En 1879 le projet déposé par M. Le Maguet marque un retour en arrière. Il donne au canton la personnalité civile, mais ne lui accorde pas de budget.

M. Antonin Dubost, le 18 mars 1882, propose la création de conseils cantonaux ; il ne supprime pas les conseils d'arrondissement. On ne voit pas bien dans son projet l'utilité du nouveau rouage. Il apparaît comme une complication superflue.

En résumé, l'on peut dire que tous ces systèmes sont ou difficilement applicables ou insuffisants. Il faut arriver au projet présenté en 1882 par M. Goblet pour trouver enfin un conseil ayant des attributions sérieuses, une organisation raisonnée et un budget presque suffisant pour pouvoir jouer un rôle efficace dans la gestion des intérêts cantonaux. S'il ne supprime pas les conseils d'arrondissement dont les membres ont, en vertu de l'article 4 de la loi du 25 février 1875, une fonction électorale qui ne paraît pouvoir bien être retirée que par une revision de la Constitution, ce projet, du moins, ne les conserve que provisoirement et ne leur laisse plus que la faculté de se réunir pour émettre des vœux sur les services publics de l'arrondissement. M. Goblet compose le conseil cantonal :

1° Des membres du conseil général et du conseil d'arrondissement de ce canton ;

2° D'un délégué des conseils municipaux de chaque commune du canton.

Nous nous inspirerons fréquemment de ce projet pour la question des attributions à conférer et du budget à constituer aux conseils cantonaux que nous proposons de créer.

Le projet Maurice Faure est d'accord dans ses grandes lignes avec le projet Goblet.

On ne saurait adopter la proposition de M. Colfavru qui modifie le projet Goblet en supprimant les sous-préfets, il en est de même du projet de M. Thellier de Poncheville qui demande lui aussi leur suppression. Nous ne croyons pas que l'on doive admettre ces opinions. L'existence des sous-préfets ne nous semble pas devoir être mise en question. Un agent intermédiaire est indispensable entre le préfet et les maires. Il y aurait donc à se demander si l'on pourrait constituer au chef-lieu de canton ce représentant de l'autorité. Nous ne le pensons pas.

La création de sous-préfets cantonaux amènerait une

diminution de l'autorité par l'affaiblissement de leur situation.

Il faut donc laisser les choses en l'état : l'existence du sous-préfet n'est, en rien, liée à celle du conseil d'arrondissement. Ce qui serait vrai pour les sous-préfets dont l'autorité serait moindre, ne l'est pas pour les conseillers cantonaux.

Ils auront une autorité effective qui manque absolument aux conseillers d'arrondissement et qui compensera largement l'étendue plus restreinte du cercle dans lequel elle s'exercera.

CHAPITRE III

COMMENT SERONT COMPOSÉS LES CONSEILS CANTONAUX.

Plusieurs systèmes ont été mis en avant. Les uns veulent tout simplement que le conseil cantonal soit composé des maires des différentes communes formant le canton sans qu'il y ait lieu de procéder à une élection. Ce système présente un grave inconvénient, il ne donne pas aux communes une représentation proportionnelle calculée d'après l'importance de la population. Une commune de 3.000 habitants ou plus n'aurait qu'un représentant, comme les communes (il y en a) qui ne comptent que 50 habitants. Il est de toute équité cependant que la commune importante ait une représentation plus nombreuse que la petite. Nous avons entendu dire que ce ne sont point les assemblées les plus nombreuses qui font la meilleure besogne. Pour éviter d'avoir un nombre considérable de conseillers on pourrait adopter une unité assez forte ; les chiffres proposés par M. Maurice Faure éviteront cet inconvénient. Toute commune comptant plus de 1.000 habitants aurait droit à un conseiller en plus par 1.000 habitants ou fraction de mille. Mais alors de nouvelles questions se posent. Les uns disent que l'élection devenue nécessaire ne pourrait porter que sur les nouveaux délégués qu'il y aurait alors lieu de désigner, le maire faisant dans tous les cas partie de droit du conseil cantonal. Les partisans convaincus du suffrage universel n'admettent pas ce privilège attribué à la fonction de maire. Nous sommes, disent-ils, sous le régime du suffrage universel, il est absolument impossible de créer pour le conseil cantonal, appelé à remplacer le conseil d'arrondissement, un mode de recrutement différent de celui qui est en vigueur pour ce dernier. Suivant eux, il n'y a aucune raison pour ôter au pays la nomination du conseil cantonal. Pourquoi, ajoutent-ils, ne permettrait-on pas aux électeurs d'exercer leur choix dans un champ plus vaste que celui qui leur est offert par la composition du conseil municipal. Tout différents seront les attributions et le rôle des maires ou des conseillers cantonaux. Il pourra se faire que les électeurs préfèrent au maire, excellent administrateur pour sa commune où sa valeur connue fera passer sur certains défauts de représentation, un homme plus brillant, ayant une situation plus importante dans le canton par sa fortune ou ses relations de famille, dont l'autorité dans le conseil cantonal serait supérieure à celle qu'aurait le maire.

On objecte à ces arguments que la situation du maire, s'il n'était pas élu, se trouverait amoindrie, et qu'il n'aurait plus qu'à démissionner. Ce serait introduire dans toutes les municipalités un germe de division dont le besoin ne se fait pas sentir. Le maire doit donc de droit faire partie du conseil, que l'élection soit laissée au conseil municipal ou à tous les électeurs de la commune, sa situation, au cas d'échec, n'en serait pas moins fausse, diminué au sein de son conseil dans l'autorité qui lui est indispensable ou aux yeux du pays il ne pourrait conserver ses fonctions. On propose une solution intermédiaire, entre l'élection au suffrage direct et la désignation de droit. On procéderait comme pour l'élection des délégués sénatoriaux. Le conseil municipal nommerait son ou ses délégués dans son sein ou parmi les électeurs de la commune. Ici l'on ne porterait plus atteinte au suffrage universel puisqu'on l'admet au 2e et même au 3e degré dans d'autres cas, les délégués désignés par le conseil municipal n'en seraient pas moins les élus de ce suffrage. L'objection tirée de la diminution possible de l'autorité du maire subsisterait par contre avec toute sa force. Nous laissons à des esprits plus expérimentés le soin d'apprécier le bien fondé de ces différents systèmes. Nous nous bornons à exposer les arguments pour ou contre. Quelle que soit l'opinion professée à cet égard, il nous semblerait utile d'ajouter au conseil, dût-on ne leur donner que voix consultative, un certain nombre de fonctionnaires en exercice ou de préférence en retraite pour éclairer l'assemblée dans les questions techniques, leur avis serait toujours consigné dans les procès-verbaux.

Le conseil cantonal élit son bureau composé d'un président, d'un vice-président et d'un secrétaire choisis

par les membres cantonaux. On a proposé de le faire
présider par le conseiller général du canton. L'objection,
présentée par M. Muteau en 1837, n'a rien perdu de sa
force. « Pourquoi, disait-il, faire intervenir partout les
conseils généraux. N'est-ce pas au sein même de la réunion que le Président doit être choisi, si on veut lui
accorder une influence utile ? » Le bureau sera renou-
velé chaque année, les membres sortants seront rééli-
ligibles.

Les différents articles sur la police du conseil cantonal nous semblent des mieux compris dans le projet de
M. Maurice Faure dont les principales dispositions sont
les suivantes : Art. 8. Les fonctions de membre du conseil cantonal sont gratuites et ne peuvent donner lieu
qu'au remboursement des frais faits pour l'exécution
des mandats spéciaux. Ces frais sont fixés par le conseil
cantonal. — Art. 9. Lorsqu'un conseiller cantonal
aura manqué à trois séances consécutives, sans motifs
reconnus légitimes par le conseil, il sera déclaré dé-
missionnaire à la fin de la troisième séance. — Art. 10
et 11 à modifier. — Art. 12. Le conseil cantonal ne
peut délibérer que lorsque la majorité de ses membres
en exercice assistent à la séance. Les décisions sont
prises à la majorité absolue des voix. Le vote a lieu au
scrutin public. Le scrutin ne peut être secret que si la
demande en est faite par le quart des membres présents. — Art. 13. Le conseil cantonal siège au chef-
lieu de canton. — Art. 14. Sont nulles de plein droit

toutes les délibérations d'un conseil cantonal portant sur un objet étranger à ses attributions. Le conseil de préfecture en déclare la nullité. En cas de réclamation du conseil cantonal, il est statué par arrêté du Conseil d'État. — Art. 15. Les conseils cantonaux ne peuvent être dissous que par décret motivé du Président de la République, rendu en conseil des ministres et publié au *Journal officiel*. — Art. 16. La dissolution sera notifiée dans les trois jours par le préfet aux maires de chacune des communes intéressées. — Art. 17 à modifier. Nous avons indiqué la modification des articles 10, 11 et 17 du projet de M. Maurice Faure. Les raisons qui nous ont guidé sont les suivantes. M. Maurice Faure ne réunit les conseils cantonaux que deux fois par an pour faire coïncider leurs séances avec celles du conseil général, nous croyons que c'est trop peu et que le conseil cantonal devrait comme les conseils municipaux se réunir au moins quatre fois par an. Le territoire restreint des cantons fait que ces réunions plus fréquentes ne dérangeront guère les conseillers cantonaux. Le Président pourra convoquer le conseil cantonal toutes les fois que les intérêts du canton l'exigent. Il devra le convoquer toutes les fois qu'il en sera requis par le tiers des membres dans une demande écrite et signée, relative à un des objets rentrant dans les attributions dudit conseil. Mention de l'objet de la délibération sera faite dans la lettre de convocation et le conseil ne pourra délibérer que sur les affaires spéciales pour lesquelles il aura été convoqué.

Quant à la publicité des séances, le huis-clos pourrait être prononcé plus facilement que ne l'indique le dernier projet de loi. Il y a en France un esprit de suspicion envers tous ceux qui sont les dépositaires de l'autorité, dont M. Maurice Faure, sans s'en douter, paraît subir l'influence, il n'est peut-être pas de bonne administration qu'une minorité d'un quart puisse imposer la publicité d'un débat, parfois inopportune ou même dangereuse, surtout étant donné l'esprit des cantons ruraux. Aussi la majorité absolue devrait-elle être nécessaire pour que le huis-clos fût prononcé.

Il n'est pas utile non plus de donner à l'administration départementale l'instruction préalable des affaires qui intéressent les cantons. Cette instruction devrait être donnée tout entière aux conseillers cantonaux. L'administration serait chargée de l'exécution des décisions de ces conseils après avoir été dûment avertie. Toutes ces questions sont du reste d'un intérêt secondaire et la pratique éclairera mieux que tout le reste sur les améliorations à introduire.

CHAPITRE IV

BUDGET DU CONSEIL CANTONAL.

Avant d'aborder la question des attributions du conseil cantonal, il faut régler celle de son budget. Une des causes, nous l'avons dit, de la faiblesse des conseils d'arrondissement, c'est l'absence d'un budget qui leur soit propre. En 1837, on avait proposé de permettre aux arrondissements de voter dans leur intérêt spécial des impositions extraordinaires. M. de Gasparin, ministre de l'intérieur, reconnaissait qu'il s'agissait de protéger les arrondissements dont les intérêts sont distincts de ceux du reste du département contre l'esprit égoïste et exclusif de la majorité du conseil général. Soyez certains, disaient les partisans de ce projet, que si un arrondissement commercial ou maritime se trouve englobé dans un département agricole, ses réclamations les plus justes seront constamment écartées, soyez certains que l'arrondissement montagneux n'obtiendra jamais pour les routes difficiles, isolées et coûteuses que réclame l'exploitation de ses forêts, une partie des sommes que le département consacre à l'établissement des canaux destinés à l'irrigation des arrondissements en plaine. » M. de Gasparin ajoutait : « Nous sommes loin de contester la réalité du mal », mais partisan « de cette belle centralisation, génie particulier de la France, qui imprime un cachet si profondément national à tous ses développements », il se félicitait de cette cause de faiblesse. Avec beaucoup de logique, il prévoyait que, dans un avenir plus ou moins éloigné, mais inévitable, on remarquerait pour les cantons comme on le faisait alors pour les arrondissements, qu'il en est dont les intérêts spéciaux sont sacrifiés par la majorité des cantons représentés au conseil d'arrondissement. Ce moment est venu ; mais les idées ont changé ; comme nous ne partageons plus l'enthousiasme du ministre de 1837 sur les beautés de la centralisation, il semble puéril de créer un conseil que l'on priverait de tout moyen d'action. Aussi faut-il donner au conseil cantonal un budget. La difficulté est de savoir avec quelles ressources il sera constitué. M. Goblet en 1882 proposait d'attribuer au budget cantonal :

1° Deux des huit centimes sur le principal de la contribution des patentes affectés aujourd'hui aux budgets cantonaux ;

2° Un tiers du produit de la taxe des chiens ;

3° Un tiers du produit des permis de chasse ;

4° Le produit des amendes perçues au profit des communes.

Cela nous semble très insuffisant. Mais en 1882, quand il présenta son projet, le ministre de l'intérieur craignit, sans doute, d'épouvanter la Chambre hésitante en présentant un budget considérable et l'on peut supposer que dans sa pensée ce budget restreint n'était qu'un minimum, en attendant que l'on fît mieux pour cette institution au fur et à mesure que l'on se serait habitué à son fonctionnement ; c'est ce qu'il laisse entendre : « ces ressources jointes aux recettes accidentelles provenant des dons, legs et subventions du conseil général, de l'État ou particulières, constituent assurément un budget modeste, mais qui s'accroîtra au fur et à mesure que de nouveaux services cantonaux seront créés ». Nous n'avons pas les mêmes raisons de crainte que M. Goblet et nous croyons devoir donner au conseil cantonal un budget suffisant pour ne pas le réduire à un rôle illusoire. Voici comment ce budget pourrait être composé :

1° Du revenu des biens cantonaux : cette recette n'est possible que dans l'avenir, les cantons jusqu'ici ne possédant pas. Ajoutons que, malgré la personnalité civile, conséquence de la nouvelle organisation, ces revenus ne nous paraissent devoir être pendant longtemps qu'une ressource aléatoire et minime ;

2° Du produit des concessions autorisées sur le domaine cantonal ;

3° Du produit de la taxe des chiens ;

4° De la moitié du produit des permis de chasse ;

5 De la moitié de la taxe sur les voitures, chariots ou bicyclettes ;

6° Du produit de certaines licences, notamment les patentes des débitants de boissons ;

7° Du produit des amendes perçues au profit des communes ;

8° Du produit des expéditions des actes administratifs cantonaux ;

9° Des subventions qui seraient allouées au canton par le département ou l'État.

Les recettes extraordinaires se composeraient :

1° Du produit des emprunts que les conseils cantonaux seraient autorisés à voter pour une durée qui n'excéderait pas 15 ans, remboursables sur les revenus ordinaires ou extraordinaires ;

2° Du prix des biens aliénés ;

3° Des dons et legs ;

4° De toutes recettes accidentelles.

Nous avons laissé de côté à dessein toute contribution de l'impôt foncier, pour ne pas entraver par une nouvelle charge, les innombrables projets de dégrèvement de cet impôt. Peut-être trouvera-t-on néanmoins, que les budgets communaux seront très appauvris par ces mesures, mais comme beaucoup de leurs dépenses actuelles seront supportées par les cantons, le budget de leurs dépenses sera considérablement diminué.

CHAPITRE V

Dans l'exercice de ses attributions on pourrait envi-
sager le conseil cantonal à différents point de vue :

1° *Au point de vue de la nature de sa mission.* — En
effet le conseil cantonal agira tantôt comme délégué du
pouvoir législatif: c'est en cette qualité qu'il sera appelé
à statuer sur la sous-répartition des impôts entre les
communes du canton.

Tantôt comme représentant légal du canton, en cette
qualité il rendra des délibérations les unes définitives,
les autres soumises à certaines règles.

Tantôt comme conseil du pouvoir central, en cette
qualité il émettra des avis qui seront obligatoires ou
facultatifs. Enfin le conseil cantonal a des attributions
politiques. Les conseillers cantonaux seront de droit
électeurs sénatoriaux ;

2° *Au point de vue de l'autorité de ses actes.* — Selon
les cas, le conseil cantonal exercera ses attributions par
des délibérations exécutoires par elles-mêmes ou par
des délibérations qui ne seront exécutoires qu'après

une approbation expresse de l'autorité supérieure. Enfin le conseil cantonal sera appelé à donner des avis, à émettre des vœux et des réclamations.

Nous verrons incidemment que les objets soumis à leurs délibérations seront parfois inhérents à la création des conseils cantonaux n'ayant leur raison d'être que par suite de cette création même ; mais que le plus souvent, en dehors des attributions des conseils d'arrondissement qu'ils remplacent, leurs attributions proviendront d'emprunts faits à des conseils et à l'autorité actuellement compétents pour statuer sur certaines questions.

Les délibérations du conseil cantonal exécutoires sans aucune approbation expresse seraient de deux sortes ; *les unes* dont l'exécution ne pourrait être empêchée que par une annulation. L'annulation demandée par le sous-préfet dans un délai de 15 jours à partir de la clôture de la session, et notifiée au président du conseil cantonal ne pourrait avoir lieu qu'aux cas d'excès de pouvoir, violation d'une disposition de la loi ou d'un règlement d'administration publique. Elle ne serait prononcée que par un décret du chef de l'État, rendu dans la forme des Règlements d'administration publique.

Les autres délibérations exécutoires sans approbation seront définitives si, dans un certain délai, la suspension n'en a pas été prononcée. La suspension, prononcée par un simple décret du pouvoir exécutif devrait être motivée.

Délibérations exécutoires à moins d'annulation.

Le conseil cantonal statue souverainement :

1° Sur la sous-répartition entre les communes du canton du contingent cantonal des contributions directes qui sera fixé par le conseil général. Il remplace dans ce cas le conseil d'arrondissement.

Une grande objection que l'on a fait valoir, c'est que les conseils cantonaux seront composés des délégués de chaque commune qui défendront chacun leur commune et que toute résolution sera impossible. Cette objection est très faible ou très forte. Si elle est très forte, elle s'applique à tout, à commencer par la Chambre des députés. Chaque député est l'élu d'un arrondissement, chacun serait bien aise de faire prévaloir les intérêts de cet arrondissement. Malgré ce désir prononcé, naturel, avoué, on arrive cependant à ce qui semble commandé par l'intérêt général, même au détriment de l'intérêt particulier. Pourquoi supposer que les membres des conseils cantonaux seront assez dépourvus de l'esprit de justice pour n'obéir qu'à des considérations d'intérêt personnel? Cet intérêt existe-t-il moins dans les conseils d'arrondissement et dans les conseils généraux? (Discussion de la loi de 1837).Ces rivalités disparaissent du reste devant les règles fixes établies par les lois. Non seulement les conseils cantonaux ne pourront pas plus s'égarer que ne s'égarent les conseils d'arrondissement, mais on peut même avec quelque apparence de raison assurer que la sous-répartition sera faite par eux avec une bien plus parfaite connaissance des faits que par ces derniers.

Le conseil cantonal sera appelé tous les ans avant la session ordinaire du conseil général à donner son avis sur les demandes en réduction de contributions formées par les communes. Dans le cas où le conseil cantonal ne se serait pas conformé dans la sous-répartition de l'impôt entre les communes aux décisions du conseil général, rendues sur des réclamations antérieures, le préfet établira la sous-répartition conformément à ces décisions et la somme dont la contribution d'une commune se trouvera réduite sera répartie au centime le franc entre les autres communes du canton (Projet M. Faure).

2° Sur certains emprunts cantonaux remboursables dans un délai qui n'excède pas quinze ans sur les ressources ordinaires et extraordinaires ;

3° Sur la revision ou l'établissement des sections électorales dans les communes du canton après avis du conseil municipal intéressé. Le conseil général procède actuellement dans sa session d'août à cette revision. Le conseil général a lui-même remplacé le préfet dans ce cas ;

4° Sur le classement, approbation des tracés, plans et devis des chemins vicinaux ordinaires des communes du canton ;

5° Sur les acquisitions, aliénations, échanges, baux (quelle qu'en soit la durée) des propriétés cantonales ;

6° Sur l'établissement de la liste préparatoire du jury

criminel à la place des commissions cantonales qui en sont actuellement chargées. Il y aurait peut-être quelque danger à faire dresser par le conseil cantonal la liste du jury d'expropriation. Si, en effet, le conseil décidait l'établissement d'un chemin de fer dans les limites du canton, ne serait-il pas à craindre que le jury ainsi constitué ne fît pas les estimations avec une complète indépendance et une entière impartialité ;

7° Sur l'acceptation ou le refus des dons et legs faits aux cantons, ou aux établissements de bienfaisance créés et entretenus par le canton.

On fait une différence entre les dons et legs faits aux communes et les dons et legs faits aux départements. Si le don ou le legs est fait aux communes, celles-ci peuvent accepter seules, s'ils ne sont pas affectés de charges ou conditions et s'ils ne donnent pas lieu à réclamation des familles. Si les libéralités sont faites au département, le conseil général depuis la loi de 1866 les accepte ou les refuse sans approbation de l'autorité supérieure même si elles sont grevées de charges ou d'affectations immobilières. Mais il faut un décret du Conseil d'État pour l'autoriser à accepter les libéralités qui donnent lieu à réclamation des familles. Nous pensons que le conseil cantonal doit être assimilé dans ce cas au conseil général ;

8° Sur les concessions de travaux d'intérêt local, de tramways sur les chemins vicinaux ou ruraux traversant plusieurs communes du canton ;

9° Sur les difficultés élevées relativement à la répartition de la dépense des travaux qui intéressent plusieurs communes du canton actuellement fixées par le conseil général ;

10° Sur les actions judiciaires à intenter ou à soutenir dans l'intérêt du canton ;

11° Le conseil cantonal statue sur l'élection d'une chambre d'agriculture cantonale, des délégués cantonaux pour l'enseignement primaire ;

12° Sur la fondation et l'administration d'hospices cantonaux, bureaux de bienfaisance, écoles professionnelles.

Délibérations exécutoires à moins de suspension. — Le conseil cantonal délibère sur : Les demandes des conseils municipaux 1° pour l'établissement ou le renouvellement d'une taxe d'octroi ; 2° pour les modifications aux règlements et aux périmètres existants. Le conseil général est actuellement compétent dans le premier cas ; dans le deuxième depuis la loi du 5 avril 1884, il ne donne plus qu'un avis.

Délibérations qui ne sont exécutoires qu'après une approbation expresse. — Dans deux cas seulement les délibérations du conseil cantonal auront besoin d'une approbation expresse pour être exécutoires :

1° Quand le conseil cantonal aura voté un emprunt dont le remboursement n'aura lieu que dans un délai excédant 15 années, il faudra une loi pour autoriser cet emprunt ;

2° Pour les dons et legs faits au canton et donnant lieu à une réclamation des familles, l'acceptation n'en sera valable qu'après un décret conforme en Conseil d'État.

Avis et propositions, réclamations et vœux.

Avis. — Le conseil cantonal donne son avis sur l'application des dispositions relatives dans les communes à la conversion en bois de terrains en pâturage. Le conseil général remplit actuellement cette fonction.

Sur les délibérations des conseils municipaux relatives à l'aménagement, au mode d'exploitation, à l'aliénation et au défrichement des bois communaux. Le conseil général donne également cet avis sous l'organisation actuelle.

Propositions. — Il fait à la place du conseil général des propositions pour l'allocation de certains crédits ouverts sur les fonds généraux du budget, en ce qui concerne les secours pour travaux concernant les églises et les presbytères, les subventions aux communes pour acquisition, construction et réparations de maisons d'école et de salles d'asile. Le conseil général voit ces propositions et les classe par ordre d'urgence avant de les envoyer au ministre compétent.

Vœux. — Le conseil cantonal pourra émettre des vœux en faisant connaître son opinion sur l'état et les besoins des divers services publics en ce qui touche le canton. L'interdiction des vœux en matière politique, ou d'intérêt général existant pour les conseils d'arrondissement serait maintenue pour les conseils cantonaux.

Le conseil cantonal avec ces attributions nous semble avoir une autorité suffisante pour le règlement des questions d'intérêt purement local ; le sous-préfet, d'autre part, ayant entrée dans les conseils cantonaux pourra toujours faire observer que certaines délibérations sont entachées d'excès de pouvoir ou violent la loi ou qu'elles sont inopportunes. En cas de violation de la loi, l'annulation de la délibération, en cas d'inopportunité, la suspension nous semblent des mesures suffisantes pour maintenir le conseil cantonal dans une sage modération.

Dans un chapitre spécial nous verrons quel rôle le canton pourrait être appelé à jouer dans les questions d'instruction et d'assistance publique. En lui donnant un rôle indépendant dans ces questions on ferait, si l'on peut ainsi parler, de la décentralisation morale non moins utile que la décentralisation administrative.

CHAPITRE VI

C'est surtout dans les questions d'instruction et d'assistance publique que le rôle du canton doit être considérable. Au point de vue de l'instruction, il n'est pas bien nécessaire de créer au chef-lieu de canton des écoles primaires supérieures. On se plaint de la dépopulation des communes rurales. La création de ces écoles ne fera qu'augmenter cette dépopulation. Que restera faire dans les campagnes le jeune diplômé ? Les travaux des champs auxquels il sera, du reste, peu préparé lui répugneront. L'étude des questions scientifiques ou littéraires ne contribuera guère à faire de lui un habile ouvrier dans les industries qui pourraient et devraient faire la richesse de la région dans laquelle il est né. Il y a un intérêt national et économique, un intérêt de premier ordre à former d'habiles artisans dans les différentes industries. On a fait bien souvent le procès de l'instruction professionnelle. Qu'on nous permette de dire que les critiques formulées à ce sujet nous semblent peu justifiées. On a préconisé la supériorité de l'apprentissage, seul capable, a-t-on dit, de créer de véritables ouvriers. Nous croyons, au contraire, l'instruction professionnelle bien supérieure à l'apprentissage chez le patron, tel qu'il se pratique actuellement. Dans cette question comme dans beaucoup d'autres nous avons été de parfaits théoriciens, mais nous avons laissé aux autres peuples la réalisation pratique des idées que nous avions si bien mises en lumière. En 1880, lors du congrès de l'enseignement à Bruxelles, les Allemands combattirent l'idée d'écoles où l'on apprendrait à travailler, seuls quelques Français soutinrent cette idée. Rentrés chez eux les Allemands la mirent en pratique ; en France d'où elle était partie on se contenta de l'avoir trouvée sans autrement chercher à l'appliquer. Cela est fâcheux.

Les causes de l'infériorité de l'apprentissage sont nombreuses. La première année que l'apprenti passe à l'atelier sera neuf fois sur dix complètement inutile. Domestique et commissionnaire, il balaie l'atelier, fait des courses pour les ouvriers ou le patron, s'il a l'amour très prononcé de son métier il aura parfois l'occasion de regarder à la dérobée comment font les ouvriers, mais ce sera à peu près tout. Plus tard quand on l'emploie enfin sous les ordres d'un ouvrier, de nouvelles difficultés se présentent. La matière première ne lui est confiée qu'à regret, on a toujours peur que par suite d'une maladresse inévitable au début elle ne soit gâchée et rendue impropre. Aussi renouvelle-t-on le moins souvent possible l'expérience et quand l'apprenti a enfin le tour de main nécessaire à la confection d'une partie de l'objet, on ne lui fait plus faire autre chose. Cette spécialisation résulte aussi du principe de la plus grande production par la division du travail ; mais ce principe n'est pas sans inconvénients. S'il est meilleur pour la production qu'un ouvrier se livre continuellement à la même opération, il n'est pas nécessaire pour cela qu'il ne connaisse que cette opération. Pour les objets, faits de plusieurs pièces, dont l'exécution est confiée à différents groupes de travailleurs, la grève des uns entraînera celle de tous les autres. Enfin l'atelier est organisé pour la production et non pour l'enseignement.

Dans les écoles, rien de pareil, la matière première est sacrifiée, on pourra donc apprendre à l'élève à confectionner l'une après l'autre toutes les différentes pièces dont se compose l'objet qu'il veut créer. Comme le produit du travail n'est pas nécessairement destiné au commerce, la crainte des malfaçons ne restreint pas l'enseignement nécessaire au tout jeune ouvrier. On reproche aux écoles professionnelles de faire des contremaîtres et non des ouvriers. Il est exact que les ouvriers qui en sortent deviennent vite contremaîtres. Qu'est-ce que cela prouve, sinon leur supériorité sur leurs compagnons. Du jour où tous les ouvriers ou presque tous sortiront des écoles, le niveau s'élèvera, ils deviendront moins aisément contremaîtres par suite de cette élévation même. Y aura-t-il lieu de se plaindre si chaque ouvrier de cette nouvelle époque a toutes les connaissances et l'habileté professionnelle nécessaires pour faire un contremaître d'autrefois ?

Mais si l'on est à peu près d'accord sur la supériorité de l'enseignement dans les écoles sur l'apprentissage chez le patron, les projets proposés pour organiser cet enseignement sont très différents. Aura-t-on recours à l'initiative privée, à l'intervention municipale ou à celle de l'État. L'intervention de l'État a mille inconvénients surtout quand l'enseignement se spécialise en faveur d'une industrie déterminée et c'est ce que nous voudrions : des écoles de serrurerie dans les pays où l'on fait des serrures, d'horlogerie dans des départements comme le Doubs, etc. ; dans ce cas, cette intervention est loin d'être indispensable, c'est aux municipalités intéressées qu'il appartient d'organiser ces écoles. L'État, du reste, procéderait là par voie de formules et ne saurait se plier aux mille exigences des branches si variées de notre production nationale. Le canton est tout naturellement appelé à exercer un rôle prépondérant dans cette organisation.

Pour l'assistance, nous pensons que l'assistance médicale que les préfets ont tant de peine à organiser dans les départements l'aurait été mieux et plus économiquement par un conseil cantonal dont parfois font partie des médecins eux-mêmes qui se rendent peut-être un compte plus exact de la légitimité des exigences de leurs confrères et des voies et moyens pour arriver à un résultat satisfaisant sans trop charger le budget cantonal et qui peuvent en outre, avec plus de chances de succès faire appel au dévouement relatif du corps médical.

Pour les enfants assistés dont le nombre va toujours croissant, entraînant des dépenses de plus en plus considérables, il nous paraît évident qu'il serait plus avantageux de faire contrôler les demandes de secours par une commission désignée par le conseil cantonal. Les membres de la commission désignée au chef-lieu du département comme cela se pratique de nos jours, ne peuvent se renseigner que fort imparfaitement sur la véritable situation de fortune des solliciteurs. Nous n'ignorons pas que les maires renseignent la commission départementale des Enfants assistés ; mais nous savons encore mieux que le maire, enchanté de secourir sans que la commune ait rien à dépenser, un ou plusieurs de ses administrés, s'empresse de fournir les renseignements les plus favorables à la demande de ces derniers, les finances départementales étant seules en jeu. Avec le système de l'assistance cantonale, ces dépenses pesant sur le budget du canton, qui ne voit que, les maires tout en étant portés à favoriser ces mêmes administrés, pourront trouver des contradicteurs mieux renseignés dans les représentants des communes voisines des leurs et en tous cas se préoccuperont beaucoup plus du budget cantonal que du buget départemental ?

Quant à la création d'hospices cantonaux, tout en en recommandant la formation, nous reconnaissons qu'il y aurait un inconvénient assez grave que nous signalons en toute franchise. Les liens de famille tendent de jour en jour à se relâcher. Si, à deux pas de chez soi, le villageois sait qu'il y a une maison où il peut faire admettre ses vieux parents devenus incapables de travail, ne peut-on pas craindre qu'il ne soit hanté, pour ainsi dire, par l'idée de se débarrasser de cette charge ; même dans les cas où il pourrait, peut-être, y subvenir. Nous soumettons cette objection aux réflexions de gens plus expérimentés que nous, tout en voulant croire cependant que ces cas d'ingratitude ne seront que de très rares exceptions.

S'il y a des inconvénients à la création d'hospices au chef-lieu de canton, nous n'en voyons aucun à la formation de bureaux de bienfaisance cantonaux qui se recommandent par de sérieux avantages. Les membres des bureaux de bienfaisance, tels que ceux-ci sont organisés actuellement ne sont pas suffisamment indépendants ; bien souvent ils voudraient diminuer ou même supprimer les secours attribués à des gens qui en sont assez peu dignes. Mais le moyen de se montrer non seulement sévère, ou simplement juste quand on a le souci de sa réélection. Nous n'irons pas jusqu'à dire que les querelles de politique locale fassent une démarcation absolue entre les indigents, que chaque parti ait la liste de ceux qui participeront aux faveurs des bureaux de bienfaisance suivant que les hommes dont ils forment la clientèle arriveront ou n'arriveront pas aux affaires, mais on ne peut nier qu'il y a souvent de la faveur et c'est chose déplorable. Avec le bureau de bienfaisance cantonal, il y a toute chance qu'il y ait beaucoup

moins de ces faveurs inspirées par la crainte ou l'esprit
de parti. Les secours iront à ceux qui en ont réellement
besoin sans que l'on s'inquiète de savoir si ceux-ci vont
ou non à la messe.

Dans bien des communes l'œuvre des bureaux de
bienfaisance est paralysée par l'absence de ressources.
Par une conséquence toute naturelle, ce sont les communes qui en sont les plus dénuées qui ont à secourir
le plus de pauvres ; avec l'organisation proposée, les
ressources centralisées au chef-lieu de canton seraient
réparties normalement et suivant les besoins des diverses localités.

Ajoutons pour terminer qu'il pourrait y avoir lieu à
des conférences intercantonales. Plusieurs conseils cantonaux pourront provoquer entre eux, une entente sur
les objets qui intéressent à la fois leurs cantons respec-
tifs, à l'aide de délégués nommés à cet effet. Les décisions prises dans ces conférences ne seront exécutoires
qu'après avoir été ratifiées par les conseils cantonaux
intéressés.

Nous croyons très fermement qu'en adoptant ce système, on supprimerait cet égoïsme local dénoncé par
M. Odilon Barrot. « Chaque petite fraction du territoire
se considère comme un État séparé, s'isole et résiste à
une amélioration parce que telle autre fraction doit en
profiter. Nous voulons les forcer à se réunir, à mettre
en commun leurs pensées, leurs intérêts, à considérer
qu'il y a autre chose dans l'État que cet intérêt local, à
créer un intérêt cantonal.

CHAPITRE VII

CONCLUSION.

Telle est dans ses grandes lignes l'organisation que
nous proposons de substituer aux conseils d'arrondissement. Nous avons essayé de démontrer qu'un organe
intermédiaire était indispensable entre le département
et les communes, que le conseil d'arrondissement ne
remplissait que très imparfaitement ce rôle et que les
syndicats de communes ne sont guère praticables dans
notre pays, et cependant il serait utile d'atteindre ce
résultat si bien résumé dans cette formule d'un ancien
président du Conseil : « Simplifier et rajeunir notre organisme administratif, supprimer les rouages et les
formalités inutiles, donner plus de liberté à l'activité
féconde des pouvoirs locaux », en un mot créer comme
le dit M. Gervais « la plus grande commune » sans res-
treindre en rien les privilèges de la petite.

Dans presque tous les pays on a constaté la justice et
l'utilité qu'il y a à donner aux autorités locales une certaine indépendance.

En Espagne, l'organisation municipale et provin-
ciale est parfaite, elle assure aux communes cette
indépendance. L'Espagne a lutté de tout temps pour

ses libertés et ses institutions locales et même à l'époque du despotisme le plus absolu sous Philippe II, par exemple, elle a su les conserver intactes.

En Autriche, les communes sont complètement autonomes pour tout ce qui touche à leurs intérêts particuliers. L'organisation sous forme cantonale y est même adoptée dans certaines institutions. Les caisses d'assurance contre les maladies, comme celles de l'assurance contre les accidents ne sont ni communales, ni professionnelles, mais cantonales.

En Angleterre, les paroisses, les bourgs, les comtés ont une administration indépendante. Aux États-Unis, l'autonomie des pouvoirs locaux est plus complète encore.

En Italie, où on s'est aperçu aussi des dangers du morcellement des communes, on y a apporté un remède radical : réunion d'office et par décret de celles qui ont moins de 1.500 habitants. Ces syndicats de communes ont certains pouvoirs qui leur sont propres.

En Belgique il n'y a pas de conseils correspondant aux conseils cantonaux. Les besoins n'y sont pas les mêmes. « Les communes ont une population moyenne de 2.100 habitants. L'émiettement des villages belges est deux fois moindre que celui des communes françaises puisque leur population moyenne est double. De plus le cercle d'action du conseil communal est plus étendu que celui des conseils municipaux français. Tandis que dans ce pays les décisions de l'assemblée communale,

valables par elles-mêmes, sont des exceptions très rares,
en Belgique, elles sont la règle » (Emile Flourens, *Org.
judiciaire de France et de Belgique*).

Dans plusieurs contrées, on trouve même des institutions qui correspondent aux conseils cantonaux, tels
que nous les proposons. En Allemagne l'Amt correspond assez par son étendue et son organisation au canton. Il est organisé de manière à réunir en une grande
communauté un certain nombre de petits villages, et
souvent à la tête de communes rurales peu importantes
est une petite ville. Un bailli, toujours élu parmi les
notables de l'Amt, régit la circonscription, mais c'est la
diète du district qui le choisit et non pas l'universalité
des électeurs. Ce choix, pour être valable, doit, en outre,
être approuvé par le président de province. Les maires
des communes, les adjoints et d'autres représentants
forment un comité de bailliage qui assiste ce fonctionnaire dont les attributions fort étendues font un véritable maire. Dans les agglomérations assez grandes pour
former à elles seules un Amt, c'est le maire qui remplit
les fonctions de bailli et le conseil celles du comité de
bailliage. En Russie, où les institutions communales
diffèrent tant de celles de l'Europe Occidentale, et dont
M. Anatole Leroy-Beaulieu dans ses substantielles études sur ce pays nous a retracé le caractère tout patriar-
cal, les communes forment le volostnoï skod composé
des starostes ou maires de village, de quelques autres
fonctionnaires élus par les habitants à raison d'un dé-

légué pour 10 feux. Il nomme les employés du volost, il statue sur les affaires qui engagent les intérêts économiques de la circonscription, il concentre dans ses mains tout ce qui regarde l'assistance publique, l'instruction, les impôts cantonaux. Il revise les listes de recrutement. Le comité nomme le chef du canton pour une durée de trois ans et celui-ci est chargé de la police. On voit quelle est l'importance du rôle que le comité cantonal est appelé à remplir.

On a donc pu dire que « comparativement à la France tous les États de l'Europe et de l'Amérique sont décentralisés, et seules, la Turquie et la Perse présentent une centralisation plus grande que chez nous ». On a senti presque partout la vérité du principe si bien formulé par M. Batbie. « Quel danger, dit l'éminent professeur, présente pour le Gouvernement l'agrandissement des attributions de l'autorité locale ? Le mouvement local est à nos yeux la garantie du repos au centre. Pendant qu'on se préoccupe d'intérêts communaux ou départementaux, on ne fait pas de l'agitation révolutionnaire. Que l'État demeure dans le rôle élevé de protecteur des lois. Qu'il ne s'immisce dans les affaires locales que pour ramener à l'exécution des règlements. Dans ces conditions-là, le développement de la vie départementale et communale devrait rassurer plutôt qu'inquiéter le pouvoir. »

En terminant, nous tenons à dégager les projets de décentralisation du caractère de réforme socialiste qu'on a voulu leur donner. M. G. Ghisler (*Revue socialiste* de septembre 1893) a beau attribuer au socialisme une action décentralisatrice, il a beau dire : « Le Socialisme veut des autonomies communales et régionales, comme base de l'organisation sociale future. Comment peut-on qualifier d'autoritaire le socialisme qui préconise une pareille décentralisation » ; personne n'ignore que la décentralisation est la négation même du socialisme. Comment organiser la production et la distribution des richesses par l'État avec des communes et des provinces autonomes ? On peut, au contraire, soutenir en toute vérité, avec M. Lamé Fleury que la centralisation, si on ne l'atténue, est la meilleure préparation d'un gouvernement socialiste. « Nos classes dirigeantes, dit-il, ne sauraient mieux s'y prendre pour préparer le terrain gouvernemental, de telle sorte qu'il n'y ait lors de l'expérience inévitable du socialisme qu'à opérer un changement de personnel. Ce sera peut-être le clou de l'Exposition de 1900 » (*Journal des Economistes*, juillet 1896).

Telles sont les conclusions de notre étude sur cette question. Nous nous rendons bien compte de sa grande imperfection ; mais nous avons cru utile d'attirer encore l'attention sur un sujet qui, aujourd'hui et depuis longtemps, préoccupe beaucoup de bons esprits. Si nous arrivons à donner à quelques hommes plus au courant que nous des questions politiques et administratives, le

désir de se consacrer à la solution du problème, mille
fois posé, de la décentralisation, problème qui n'a pas
été résolu jusqu'ici et que nous n'avons pas l'outrecui-
dante prétention de résoudre nous-même, nous croirons
avoir fait œuvre utile.

Vu :

Le Président de la thèse,
LARNAUDE.

Vu :

Le Doyen de la Faculté,
GARSONNET.

Vu et permis d'imprimer :

Le Vice-Recteur de l'Académie de Paris,
GRÉARD.

BIBLIOGRAPHIE

Bardoux. — Les Légistes. *Revue générale de droit, de législation et de jurisprudence en France et à l'Étranger*, tome I, 1877.

Babeau (A.). — *La Ville sous l'Ancien Régime.* Paris, 1884, 2 vol.

Odilon Barrot. — *De la centralisation et de ses effets.* Paris, 1861. in-18.

Batbie. — *Traité théorique et pratique de droit public et administratif*, 2ᵉ édition, 9 vol. in-8, 1885. Larose, Paris.

Béchard. — *Documents parlementaires*, passim.

Chéruel. — *Histoire de la commune de Rouen*, t. II.

Crozals (de). — *L'Ère moderne.*

Dareste de la Chavanne. — *Histoire de l'administration en France et des progrès du pouvoir depuis le règne de Philippe-Auguste jusqu'à la mort de Louis XIV.* Paris, 1848, 2 vol. in-8.

Duruy (V.). — *Revue des Deux-Mondes*, 15 mai 1884.

Documents parlementaires. — Projets Béchard, Goblet, Maurice Faure, Odilon Barrot, Raudot, *passim.*

Dupont-White. — *La Centralisation.* Paris, 1868, 1 vol. in-18.

Esmein. — *Cours d'histoire du droit français*, 2ᵉ édition, 1895. Larose, 1 vol. in-8.

Faure (Maurice). — *Documents parlementaires.* 1896.

Ferrand (J.). — *Les institutions administratives, en France et à l'Étranger.* Paris, 1879, in-8.

Flourens (Émile). — *Organisation judiciaire de la France et de la Belgique.* Paris, 1875, 1 vol.

Gasquet. — *Précis des institutions politiques et sociales de l'ancienne France.*

Ghisler (G.). — *Revue socialiste*, septembre 1893.

Laveleye (de). — *Revue des Deux-Mondes*, janvier 1890.

Luçay (de). — *Les assemblées provinciales sous Louis XVI*, 2ᵉ édition. Paris, 1871.

Lamé-Fleury. — *Journal des Economistes*, juillet 1896.

Martin (Henri). — *Histoire de France depuis les temps les plus reculés jusqu'en 1789.* Paris, 4ᵉ éd., 17 vol.

Rambaud (Alf.). — *Histoire de la civilisation française.* 1885, 2 vol. Armand Collin, Paris.

Raudot. — *Correspondant,* février 1863.

Tocqueville (de). — *L'ancien Régime et la Révolution.* Paris, 1856, in-8.

Vivien. — *Études administratives.*

TABLE DES MATIÈRES

TABLE ALPHABÉTIQUE

DE LA
POSITION DE L'OPÉRÉ

DANS LES

INTERVENTIONS SUR LA TÊTE & SUR LE TRONC

PAR

Le Dr Maurice DENIS

ANCIEN INTERNE DES HÔPITAUX
ET DE LA MATERNITÉ DE L'HOPITAL SAINT-LOUIS
ANCIEN ASSISTANT D'OTO-RHINO-LARYNGOLOGIE A LA CLINIQUE ANNEXE DE LA FACULTÉ

PARIS
LIBRAIRIE MÉDICALE ET SCIENTIFIQUE
JULES ROUSSET
1, RUE CASIMIR-DELAVIGNE ET RUE MONSIEUR-LE-PRINCE, 12
(Anciennement 36, rue Serpente)

1905